〔美〕比尔·波特 著

〔美〕史蒂芬·约翰逊 摄

明洁 译

四川文艺出版社

北京读书人文化艺术有限公司
www.readers.com.cn
出　品

隐士的天堂◎终南山全图

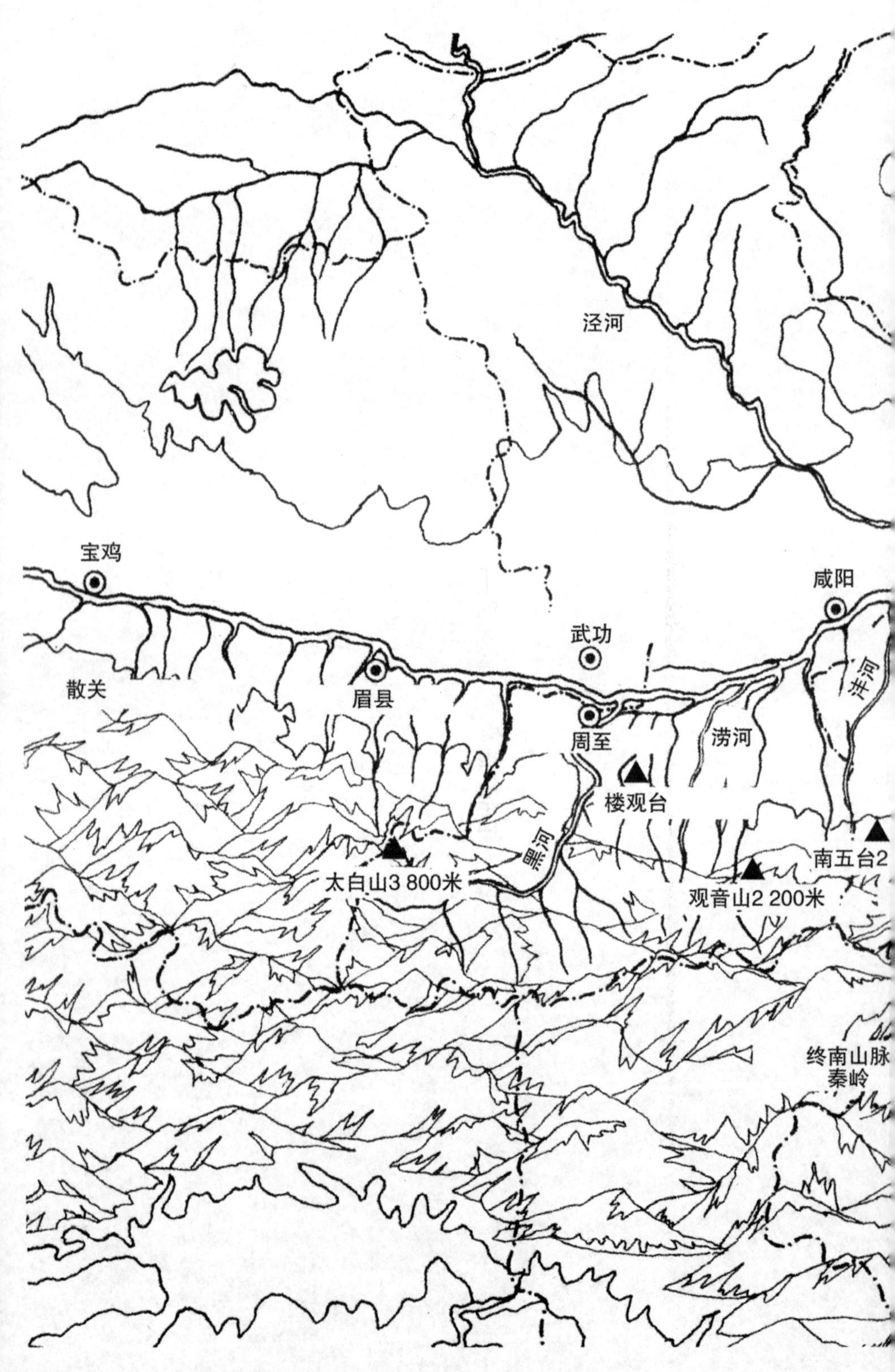

泾河
宝鸡
咸阳
武功
散关
眉县
周至
涝河
沣河
楼观台
黑河
太白山3 800米
南五台2
观音山2 200米
终南山脉
秦岭

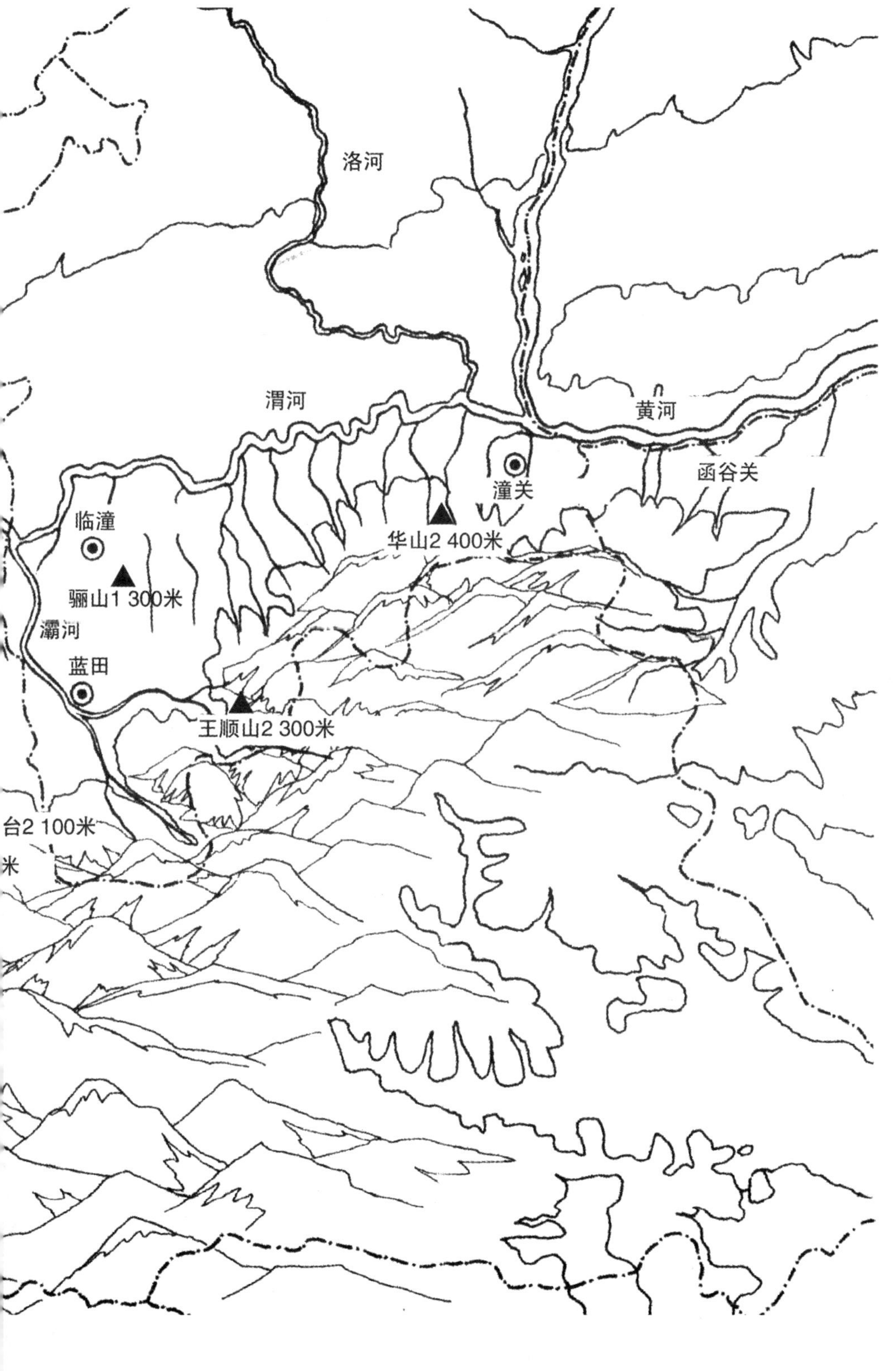
洛河
渭河
黄河
潼关
函谷关
临潼
华山2 400米
骊山1 300米
灞河
蓝田
王顺山2 300米
台2 100米
米

目 录

空谷幽兰

安妮宝贝

比尔·波特1972年去往台湾。在一个佛教寺庙里生活了三年。他这样描述自己的生活：天亮前起来诵经，夜晚听钟声，一日三餐素食，一个房间，一张床，一顶蚊帐，没有钞票。如果我的腿太痛，我就读书。

三年后，他离开寺庙，隐居在一个山村里，开始着手翻译一些中国古代隐士的著作：寒山，拾得，丰干，石屋和菩提达摩。但最终，他决定自己亲自去寻访中国隐士，即使岁月流迁，他根本无法预知自己是否能够找到他们，或这种与宗教联结的生活方式是否存在。1989年，他找来自己的朋友，摄影师史蒂芬，两个人一起踏上去往终南山的路途。

后来他写了一本书。《空谷幽兰》。翻译出版是2001年，印了四千册。曾在一本先锋杂志上见到封面。是路途中拍下的照片。作者拄着登山的拐杖，穿蓝布衬衣，摄影师戴斗笠，身上斜背着包袋。两个对东方文化充满激情的成年美国男人。旁边站着年轻的和尚，路途装束，光头，浓黑的眉，左手手腕上绑着白毛巾。他们似正经过峻峭山顶的灌木丛，背后是尖耸的山峰和浓雾。

这一幅黑白照片，充满一种活力与寂静互相探测的意味。走在寻访的路中，但某种存在却神秘坚定，无所表露。

在书中有一幅照片，照片标明：通向贺老洞的铁链和铁梯。沿着华山正面陡峭的山崖，走过木板铺就的栈道，能抵达13世纪的道士贺元希雕凿的几个隐居处之一。长空栈道是这座山上最危险的地方。他在书里写。

我记得去华山的时候走过这条路。我们有一小队人走过窄小及摇晃的木条，手里抓着铁链，背后就是风声呼啸的万丈深渊。若往下看，便觉得自己完全失去重量。掉下去，也就尸骨无寻。

这种体验在我二十岁的时候发生。危险及清醒的降临，使人最终从紧张进入一种诡异的平静。天地就在身边。死亡近在咫尺。这段悬崖，它异常逼近生命的真相。仿佛是生与死之间一条贯通的小径。

当然，这是针对普通人而言。对那些修炼中的隐士来说，它仅仅就是一条通道。小道士走在上面亦是可以健步如飞。

书里采访了道教与佛教的一些代表性人物。年龄最大的已经九十多岁。他们大多常年在山上居住。过最简单的生活。自己种土豆，蔬菜，吃松树的松针和花粉。遵循严格的戒律。戒律就是自己对自己的要求。戒律使修行成为可能。如果你对自己不做要求，修行就会一无所获。

我想随着这个美国男人足迹的深入和切身的交往，他会发现他所寻找到的那些隐士，并不是他理想意念中的那些人：在云中，在松下，在尘世外，靠着月光、芋头和大麻生活。所需的只是一些泥土，几把茅草，一块瓜田，数株茶树，一篱菊花，风雨晦暝之时的片刻小憩。

相反，他们或者承担深重的孤独与贫寒，栖息在僻静无人抵达之处，或者在寺庙里忍受着游客喧嚣，琐碎杂务，无所事事，或者疾病缠身，平静等待死亡降临。他们的生活里并不是没有任何缺陷。而唯一相同的是，他们拥有灵魂深处纯粹而坚定的一簇火焰。那就是坚持和相信自己的修行。

道教徒和佛教徒寻求的是不变的东西。这是他们不追名逐利的原因。寻求的只是道，就是我们生于斯，回归于斯的那个无。我们的目标就是要与这个自然的过程融为一体。一位道长在采访中说。

对于城市中的人来说，置身滚滚红尘浪滔天，每天面对无数欲望颠沛，若能保持自持修行的坚韧，遵循品德和良知，洁净恩慈，并以此化成心里一朵清香简单的兰花，即使不置身于幽深僻静的山谷，也能自留出一片清净天地。

这也应是此书最为普及的意义。

代 序

明 洁

游终南山

独坐群峰上，
胸臆自开张。
风拂长松静，
泉响落花香。
古道生幽草，
梵钟渺仙乡。
昔人何处去？
孤云独徜徉。

序

我总是被孤独吸引。当我还是个小男孩时，我就很喜欢独处。那并不是因为我不喜欢跟其他人在一起，而是因为我发现独处有如此多的快乐。有时候，我愿意躺在树下凝视着树枝，树枝之上的云彩，以及云彩之上的天空；注视着在天空、云彩和树枝间穿越飞翔的小鸟；看着树叶从树上飘落，落到我身边的草地上。我知道我们都是这个斑斓舞蹈的一部分。而有趣的是，只有当我们独处时，我们才会更清楚地意识到，我们与万物同在。

我们都需要有时间独处，有些人需要更多独处的时间。有人却能从独处中变得更有智慧、更为仁慈，这是我遇到中国隐士后让我吃惊的事。他们是我见过的最幸福、最和善的人。在美国，隐士只是那些喜欢自个儿待着的人，往往都有点神经质。但是，在中国，我发现隐士往往是社会的精英，扮演着重要的角色。

当美国人要我类比中国的隐士传统与美国社会的一些现象时，我告诉他们隐士很像研究生，他们在攻读他们精神觉醒的博士。在中国，很多人在佛教寺庵、道观、儒家书院、大学乃至家里获得他们精神觉醒的“学士”，但不是所有的人都有欲望、有能力、有精力攻读“博士”。然而，中国社会从那些获得觉醒的“博士”的人身上受益甚巨。过去如此，现在亦然。

我并未打算为此著书，我仅仅是一名译者。但我居住在台湾时翻译的作品恰恰是中国最伟大的隐士们的诗——《寒山诗》、《石屋山居诗》。我仅仅想知道这种生活方式在中国是否还存在。当台湾有人告诉我中国大陆不但没有人修行，隐士传统也不复存在时，我决定亲自去弄个明白。不久之后，我发现隐士传统不仅存在得很好，而且是中国社会很有活力的部分，我觉得必须把这个情况介绍给西方人。这就是我写作本书的缘由。我想让西方各种宗教的修行者知道，尽管中国大陆曾经历战争、革命，但修行人仍然坚持修持，我希望由此给西方的修行人以鼓励。他们怎会无动于衷？

本书出版后，我很惊奇地发现，在美国很多大学都能看到。无论我在哪里演讲，听众既有学院的学者，也有来自社区的普通居民。我在美国从没遇到对此不感兴趣的人。我想这是因为我们羡慕这些隐士，他们所做的是我们的梦想、希望，是我们某一天也会去做的事情。

我感到荣幸的是，尽管还有不足和缺点，《空谷幽兰》仍被译成了中文出版。我希望它能像鼓励西方读者那样，鼓励中国读者追寻并找到生活中“独处”的乐趣——不是离群索居，而是因为更深的觉悟和仁慈，与大家更为和谐地共处。

比尔·波特（赤松居士）

2006年8月10日于华盛顿汤森港

第一章　隐士的天堂

在整个中国历史上，一直就有人愿意在山里度过他们的一生：吃得很少，穿得很破，睡的是茅屋，在高山上垦荒，说话不多，留下来的文字更少——也许只有几首诗、一两个仙方什么的。他们与时代脱节，却并不与季节脱节；他们弃平原之尘埃而取高山之烟霞；他们历史悠久，而又默默无闻——他们孕育了精神生活之根，是这个世界上最古老的社会中最受尊敬的人。

中国人一直很崇敬隐士，没有人曾经对此做出过解释，也没有人要求解释。隐士就那么存在着：在城墙外，在大山里，雪后飘着几缕孤独的炊烟。从有文字记载的时候起，中国就已经有了隐士。

中国人说，他们的历史要上溯到五千年前的黄帝时代。黄帝是目前人们所知的最早的黄河流域部落联盟的首领，后来这些部落的人民把自己称为中国人。但黄帝是从两个隐士那里，学会了怎样战胜敌人和延年益寿的。大约从公元前 2700 年到公元前 2600 年，他统治了一百年。大约与此同时，埃及建造了第一批金字塔。

黄帝乘龙回归了仙班。此后，中国新生文明的领导权又经历了几代人。大约在公元前 2200 年的时候，传到了尧的手中。大约一千六百年以后，孔夫子称赞尧是最有智慧的人，因为他略过了自己家族的成员而选择了一位隐士作为继承人。公元 3 世纪，皇甫谧在他的著作《高士传》中，记述了这件事情：

尧让天下于许由。曰:“日月出矣,而爝火不息,其于光也,不亦难乎?时雨降矣,而犹浸灌,其于泽也,不亦劳乎?夫子立而天下治,而我犹尸之,吾自视缺然。请致天下。”许由曰:“子治天下,天下既已治矣也,而我犹代子,吾将为名乎?名者,实之宾也,吾将为宾乎?鷦鷯巢于深林,不过一枝;偃鼠饮河,不过满腹,归休乎君,予无所用天下为!庖人虽不治庖,尸祝不越樽俎而代之矣。”

许由没有接受尧的建议,为了清除这席谈话可能残留的影响,他到河边洗了耳朵。但是尧决意要找到一个品德优秀的人,于是他又去接近另一位名叫舜的隐士。舜接受了尧的禅让,后来他也去找了一位隐士来做自己的继承人。《高士传》又一次记载了这一事件:

(及尧受终之后,)舜又以天下让卷(善卷)。卷曰:“昔唐氏之有天下,不教而民从之,不赏而民劝之,天下均平,百姓安静,不知怨,不知喜。今子盛为衣裳之服以眩民目,繁调五音之声以乱民耳,丕作皇韶之乐以愚民心,天下之乱从此始矣。吾虽为之,其何益乎?予立于宇宙之中,冬衣皮毛,夏衣絺葛。春耕种形,足以劳动;秋收敛身,足以休食。日出而作,日入而息,逍遥于天地之间而心意自得,吾何以天下为哉!悲夫,子之不知余也!”遂不受去,入深山莫知其处。

皇甫谧所记载的这两个故事,是从《庄子》以及其他公元前4世纪或更早的著作中择取的。看起来,中国人似乎从开始记录中国文明早期领导者的逸事时起，就已经同时记载了隐士的故事。在过去的两千年里，他们一直重复着这些隐士统治者的故事——如果不竭力去仿效的话，那么他们就将其视为理想人物，珍藏于心中。当然了，密集的群山是不会像人这样做的。但是这些故事的目的不是为了创造一个隐士社会——姑且假定这是可能的——它们是针对那些行使权力的人的。它们所传达的信息是，权力的传递应该建立在美德和智慧的基础之上，而不是裙带关系。

这些故事构成了中国最早的政治批评。但是它们不仅仅是故事：真的有人更愿意选择荒野，而不是文明。这正是世界各地隐士传统的基础。而中国隐士传统与众不同之处在于，隐士在他们所遗弃的那个社会中，享有崇高的地位。

我自己开始了解中国的隐士传统是在 1972 年。那一年，我离开了美国，搬到了中国的岛省台湾。台湾在上海的南面，香港的北面，与福建海岸遥遥相望。到了之后没几天，我就开始了在一座佛教寺庙里的生活：天亮前就起来诵经，夜晚听钟声，一日三餐素食，一个房间，一张床，一顶蚊帐，没有钞票。如果我的腿太痛了，或者对禅垫感到“深恶痛绝”的时候，我就读书。

除了佛经之外，我也读儒家和道家的书。那些书里有很多生活在山里的中国古代隐士的故事。我非常喜爱这些故事。我能够理解为什么有的人什么都不想要，而只想过一种简单的生活：在云中，在松下，在尘廛外，靠着月光、芋头和大麻过活。除了山之外，他们所需不多：一些泥土，几把茅草，一块瓜田，数株茶树，一篱菊花，

通向终南山的路

风雨晦暝之时的片刻小憩。从黄帝时代算起到现在，中国一定有上百万隐士了。但是，读他们的故事的时候，我很怀疑他们能不能存在于 20 世纪。每当我问起台湾的和尚，他们都向我保证说，中国隐士已经不复存在了。经过一个世纪的革命、战争和压迫之后，他们怎么还能够存在呢？但是，我仍然心怀疑问。

三年后，我结束了寺院生活，自己隐居在一个名叫竹子湖的山村里。从那里可以俯瞰台北盆地。与此同时，我开始着手翻译一些中国古代隐士的著作：寒山、拾得、丰干、石屋和菩提达摩。十二年后，即 1987 年冬，到中国大陆旅游的禁令解除了，岛上的人民纷纷开始探望他们长达四十年没有见过面的亲友。

1989 年春，我决定加入这股人流，不是为了探亲，而是为了寻找隐士。当一位和蔼的赞助人愿意为这趟考察旅行提供费用时，我给在美国的史蒂芬·约翰逊打了电话。早在两年前，他曾经向我表示，如果这样的旅行能够成行的话，他愿意作为摄影师跟我一起去。他没有改变主意，于是我们约好两星期后在香港碰头。我找出自己的旧森林服务背包，让人钉上了新带子。同时我也开始仔细研究地图，尤其是那些注明人口密度的地图。我不知道到哪里去找隐士，但是我猜想，如果还有隐士，那么他们一定会在山里。但那是哪些山呢？即使我们碰巧找对了那座山，我们又怎么能找到正确的路径，更何谈那隐士的茅屋呢？而且他们会欢迎来访者吗，尤其是两个挥舞着录音机和照相机的外国人？还有，当局会不会试图阻止我们？一大堆问题。没有答案。

在中国古代，隐士群体的升降沉浮是与来自都城的“风的变化”息息相关的。我想，动身进山前，我们也可以试试风向。在香港碰头后，史蒂芬和我飞往北京。我们是在 4 月的最后一天到的，北京的一位德国朋友提出让我们分享他在城郊颐和园里的膳宿设备，我们高兴地接受了。

通过新形式的外贸，中国保持着持续发展的势头，它已经开始把过去的几处皇家园林出租给其公司能够承担起这笔费用的外国人。具有讽刺意味的是，我的朋友恰好住在过去江青住过的那套寓所里。

第二天，我们参观了广济寺。广济寺是中国佛教协会的所在地，因此我推想，这儿可能是开始我们的考察的好地方。我问佛协的副会长周绍良，他是否知道我们可以到哪里找到几个隐士。他还没有来得及回答这个问题，广济寺的方丈净慧法师[①]说，他曾经听说过西安附近的终南山里有隐士。

我对西安地区不熟悉，正想再多打听点儿消息，可是就在这时候，周绍良说话了。他说，中国已经没有任何隐士了，在终南山或其他山里漫游，不但毫无益处，而且很危险。与此相反，他建议我们去参观中国重新活跃起来的几个禅修中心。他很耐心，写下了四个这样的寺庙的地址。我谢谢他的帮助，大家道别。出去的路上，我向那位方丈问讯。他那淡淡的微笑，至今我依然记得。

两天后，史蒂芬和我参观完了城北的长城，回来了。我们的火车要去位于北京西北的古代佛教中心大同，离开车还有四个小时。

---

①净慧法师时任中国佛协常务理事，《法音》杂志主编。——译者注

那一天是 5 月 4 日，是现代中国第一次学生运动的七十周年纪念日。街上挤满了游行者，离火车站还有一英里，我们的出租车就进不去了。我们别无选择，只好下车，背上背包，开始沿着东长安街，挤出一条路来。那一天天气晴朗。我们能够听到小鸟在吱吱喳喳地叫，自行车的铃声在响。每个人都在微笑。我们陶醉了。

第二天早晨，我们痛苦地在大同醒来。大同是最沉闷无趣的城市之一，在其城外山腰上，有一千五百年前雕刻的巨大的佛像。关于这些佛像，我所留下的唯一的印象是，它们是多么幸运，有人那么有先见之明，在岩洞附近种植了很多丁香树。丁香正在开花，靠近根部的地方有空隙，可以从下面爬过。

第二天，我们第一次冒险进入农村，去游览恒山。恒山是中国五岳中最北的一岳，也是古代隐士的家。它的风景确实是够优美的了，但是我们没有发现任何地方有隐士居住的迹象。

次日，我们动身向南去五台山。五台山是大智文殊师利菩萨的古道场，也是中国佛教徒所选定的四大圣山中最北的一座。五台山位于苍茫大野的中间，我们想，那儿可能有隐士居住。

可是事实却并非如此。视野里几乎没有一棵树。我推断：没有森林，就没有枯枝；没有枯枝，就没有木柴；没有木柴，就没有茶；没有茶，就没有禅；没有禅，就没有隐士。尽管五台山上大寺庙的方丈们可能不同意我的推理，却同意我的结论。他们中的大部分人是寿冶长老的朋友。寿冶长老曾经是这座山上一座最大的寺庙的方丈，也是我在纽约第一次皈依佛教三宝的见证师。他们先后向我保证，如今所有的和尚和尼师都生活在寺庙里。据他们所知，五台山上或中国其他任何山上，都没有隐士。

参观最后一座寺院的时候，我拦住了一位老和尚，他正在帮忙修复“文革”期间被红卫兵毁坏的一座寺庙建筑。当我向他重复我的老问题时，他说：“中国当然还有隐士。”我的心脏停止了跳动。然后他又说：“但是当你遇到他们的时候，你认不出他们；除非他们愿意让你找到，否则你就找不到。”说完，他哈哈大笑，继续工作去了。我不知道说什么好，那天晚上，直到很晚我都没有睡着，一直在惶惑我们怎么能找到那些不愿意被找到的人；还有，为什么我没有早点儿想到这一点。

第二天是文殊师利佛诞，我爬上了那一千级石阶，去他的圣殿表达我的敬意，并祈求他在我们的考察过程中加持我们。很显然，我们眼下就需要帮助。香燃尽之前，我们上了一辆公共汽车，向南进发。我的思绪再次转向老和尚说的话上——隐士们不愿意被发现。我们到底在中国干什么呢？显然，此刻我们不得不放弃逻辑。我们是有使命的。

然而，这使命却被旅游打断了。史蒂芬和我饱览了西安的风光，感到心满意足——在西安的怀抱中，曾经有十一个朝代在此建都。我们花了几天的时间满足了自己的历史好奇心，之后去参观最后一个地方：草堂寺。一千六百年前，鸠摩罗什曾经驻锡于此寺，在此期间翻译出了大量佛经，质量超群，文辞优美。我不能放过向这位祖师表达敬意的机会，因为我自己曾经是个行者，所以我以行者的方式向他表达了敬意。

汽车在泥泞不堪、车辙纵横的路上向西安西南方向行驶了两个小时之后，我们到达了草堂寺长长的红墙之外。这些红墙被麦田包围着，看起来似乎是最近才修复的。除却这座寺庙在古时候的名声，它看起来几乎不值得我们为到这里而付出的努力。但是刚一进寺庙，我就因礼佛者数量之多而大吃一惊。大殿是如此拥挤，我几乎找不到空隙在鸠摩罗什和释迦牟尼佛像前问讯。正当我要离开的时候，一位老和尚从人群外走过来，向我点头示意——原来他就是草堂寺的方丈，而吸引了这么多信徒的眼前这一幕场景，乃是因为今天是佛诞。我怎么能忘了呢？！

领我们参观了寺庙的庭院之后，方丈把我们带到他的方丈室里。我告诉他，我们正在寻找隐士。此时，他的几个弟子也拥进屋里。他看看他们，然后又看看我，最后说："我对隐士的事情一无所知。但是既然你们远道来了，为什么不参拜一下你们拐入主路以前路过的那座山上的塔呢？那座塔里有道宣的舍利，他肯定知道他那个时代隐士的事情。"方丈把我们送到大门口，我们依依惜别。

我们回到柏油路上，几分钟后，车停在方丈提到的那座山的山脚下。起初找了几次路，都走错了，后来我们找到一位老人，他愿意给我们当向导。半路上，史蒂芬和我开始怀疑这座山有没有顶。山上的小路因为最近下了雨而特别滑，我们几次跌倒。一个小时后，我们终于爬上了山脊。

史蒂芬停下来拍摄这座山的全景，我则去爬通往那座塔的最后一道坡。我绕着这座小砖塔右行三匝，然后恭敬地向这位大师问讯——是他编撰了中国第一部佛教人物编年史。之后，我背靠着塔的正面坐下来，眼前是一望无尽的连绵起伏的山岭，白云缭绕的山峰和绿松石色的小溪。它看起来像是最完美的隐居地。但是即使借助望远镜，我也没有发现岩洞。没有茅屋，没有小径，没有炊烟。

我很失望，但是同时又因为终于置身于山中而感到振奋。我往下滑回到史蒂芬休息的地方。我们的向导建议从山后的小路下山，那样走容易一些。这正中我们的下怀，于是我们就从山后下山了。

大约十分钟后，小径绕过一座旧寺庙的泥墙。我们能够听到里面有声音，向导敲了门。门开了，五个年轻的和尚领我们穿过院子，进到一个房间里，里面有一张桌子、五只凳子。我们坐下来，他们给我们倒了两杯热水，并往里面加了一些东西，其色泽、口感都很像甜橙晶。

这种古老的待客方式使我精神一振，我又把那个必不可少的问题拿来问主人："这些山里有什么隐士吗？"

一位和尚答道："当然啦。你想了解哪些隐士？"接下来的一个小时，我们一杯接一杯地喝着热橙汁，倾听着一长串名单：有些人刚在山里过了一个冬天，还有人已经四十年没有下山了。我们发现了隐士的天堂。临走前，我问一位和尚这些山的名字。他说："这里是终南山。这儿是真修行的出家人来的地方。"

1959 年，作家赖特在他的《中国历史上的佛教》(*Buddhism in Chinese History*) 一书中，以此观点作为结言："我相信，中国佛教作为一个有组织的宗教，我们正在看到的是它的最后一线光明。”当时几乎没有人会反对这种看法。在其后的岁月里，佛教似乎已经从中国人的头脑和心灵中被清除掉了。没有被烧毁或洗劫的寺院和道观都变成了学校和工厂，幸存的极少数的寺庙被用来驻扎新的寺庙工作组，过去寺庙里的大部分人都被迫还俗了。在过去的三十年里，中国国内和国外的观察家们都断言，这场运动是一个巨大的成功，它彻底清除了人民群众的精神鸦片和迷信。大多数观察家已经把佛教视为死去的宗教。每当我跟约翰·布洛菲尔德——他翻译了黄檗和慧海禅师的语录，这两本语录多年来一直指导着我的修行——谈起这个话题，他都会长叹一声，然后建议我们谈点儿别的事情。

当我开始考虑参观中国大陆、亲眼去看看佛教现状的时候，我断定：如果佛教在中国或其他任何地方还存在，那么它更多地会依赖于生活在茅篷[①]或岩洞里的比丘或比丘尼，而不是依赖生活在寺庙里的那些人。回顾佛教两千五百年的历史，我没有发现任何一位大师不是先经过一段隐居生活而开悟的。当我最终决定去参观中国大陆、看看佛教是否还存在的时候，我决心把精力集中在隐士传统上，而不是寺院传统。

当时我并不乐观。动身前两个星期，台湾“陆委会”行政秘书告诉我，共产党早就把大陆上的隐士连同真正的出家人“消灭”光了。我是谁呀，还敢争论？一个月后，与五个年轻和尚坐在那个小小的

① “茅篷”是指出家人在深山里闭关专修的地方，一般都非常简陋。有时候，它也被用来借指小寺庙或小的隐居处。——编者注

采菊东篱下，悠然见南山

土坯寺庙里，看着门外绵延不尽的苍蓝的终南山，喝着热橙汁，记录着隐士们的地址，我只有微笑的份儿了。

第二天，史蒂芬和我离开西安地区，继续我们横穿中国大陆的“奥德赛”[①]。我们又爬了其他一些山，与另外一些隐士进行了交谈。他们中大部分是佛教徒，但也有很多是道教徒；大部分是和尚、道士，但也有很多尼师和道姑；大部分上了年纪，但也有很多年轻人。他们都很清贫，但是他们的微笑，使我们觉得自己遇见了中国最幸福、最有智慧的人。

我们所考察的山中，有一座叫太姥山，就在福建省东北部。在路上，我们碰到一位居士，他把我们带到一个山洞前，洞里有一位八十五岁的老和尚，他在那儿已经住了五十年了。在我们交谈的过程中，老和尚问我，我反复提到的那个“毛主席”是谁。他说，他是1939年搬进这个山洞的。当时这座山的山神出现在他的梦里，并且请求他做这座山的保护者。从那时起至今，他再也没有下过山。弟子们和当地村民给他带上来他所需要的为数不多的物品：面粉、食用油、盐，还有每五年左右一条新毯子或一套新衣服。他的修行方法是持名念佛，念阿弥陀佛。“阿弥陀佛”的意思是“无量光佛”、“无量寿佛”。爬过那么多座山，遇到过那么多隐士之后，我们终于慢慢地明白了“无量”的含义。

下山的路上，我们停下来拜访两位在附近山洞里修行的隐士。他们在那里也住了几十年了。他们送给我们两公斤“东方美人”作

① Odyssey，指冒险之旅。——编者注

为临别赠品——那是他们自己的小茶园出产的。它是我过去非常喜爱的茶种，现在仍然是。从来没有外国人来过他们的山，所以他们想送给我们一点儿特殊的纪念品。

我们沿着山路继续往下走，来到山脚下的一个村庄里。

我们上了一辆公共汽车，它半路抛锚了。于是我们又换了一辆公共汽车，最后到了福州。

在旅馆里登完记，我们冲了个澡，洗了衣服，像往常一样出去闲逛，找冰镇啤酒。

第二天，史蒂芬和我乘公共汽车来到港口城市厦门，然后搭下一班船回到了香港。几天后，我们回到台湾，放松了下来。但是我们同时也做好了准备：回去做一次更长时间的旅行，拜访全中国的隐士。可是，原来有意赞助我们的人都消失了，突然之间，我们只有靠自己了。我们考虑放弃这个计划，或者等着，直到条件好转。可是我们发现的东西令人难以忘怀，我们无法一直等到条件合适或者合乎我们的心意才再去大陆。我们举棋不定，抛了两次硬币——两次都是正面。于是六个星期后的 8 月上旬，我们又回去了。很显然，我们不得不忘记拜访全中国隐士的计划，不得不把自己的行动限定在我们的经济能力所能承受的范围之内。权衡了各种可能性之后，我们选择了隐士的天堂。

第二章　月亮山

当我头一次听说终南山的时候，我既不知道它们的位置，也不了解它们的重要性。在北京，有人告诉我们，它们在西安附近，这就是我们所得到的所有信息了。当我们第一次向山里进发的时候，在恒山和五台山，我们都没有找到隐士。于是史蒂芬和我搭上一列火车，向南进发。我们结束了与两个西安商人共享一个车厢分隔间的旅程——他们中的一个人曾经听说过终南山，说它在西安南面的某个地方，但这就是他所知道的一切了。在汉语里，名词是不变化的，因此无法区分单复数，所以我仍然不知道，“终南山”是指一座山，还是指一列山脉。几天以后，我发现，它既指一座山，又指一列山脉。回到台湾以后，我了解到，它所指的远远不仅是山脉。

在现代，有一列大得多的山脉，叫秦岭，终南山只包括秦岭最北端的那一列东西走向的山脉。“秦岭”这个词是大约两千年以前才开始使用的，即在古秦国统一中国之后的一段时间。秦国的祖先世居于秦岭以北的渭河平原上，秦国就是以那里为基础统一中国的。

今天，地理学家、气象学家、博物学家和历史学家，都认为秦岭是南北中国的分界线。自从一百万年以前这列山脉隆起以后，它对中国的温度和降雨类型一直有着极其重要的影响：冬天阻止冷空气南下，夏天阻挡潮湿的空气北上。小麦、小米和玉米是秦岭以北的主要农作物。秦岭以南是水稻。

秦岭

秦岭也是中国两条最大的河流的主要分水岭。秦岭北坡的溪流注入黄河的主要支流渭河，而南坡的溪流则注入长江的主要支流汉水。在古代，有旱灾的时候，这里是官员们前来祈雨的地方。

但是在“秦岭”这个词开始使用之前的一千年，中国人把这整列山脉称为“终南山”，有时候，他们又把它简称为“南山”。《诗经》一书中，在至少创作于三千年前的诗篇里，提到了它：

终南何有，
有条有梅。
……
终南何有，
有纪有堂。

现在人们所说的“终南山”这个词，既是指西安南面四十公里处的那座两千六百米高的山峰，又是指与之相毗邻的东西一百公里以内的山峦。但是三千年前，“终南山”是指从河南省三门峡的黄河南岸，向西沿着渭河，直到这条河的源头——位于甘肃省的鸟鼠山[①]——为止的所有山脉，长达八百公里。

在中国更为遥远的神话传说中的过去，“终南山”所包括的范围甚至更广，远远超越了鸟鼠山。这列更大的山脉，既包括昆仑山，

①原书中为“乌鼠山”,系作者将“鸟”字误读为“乌”字,以下此地名均做了订正。——译者注

也包括终南山，并且延伸到了当前中国和巴基斯坦国境线上的乔戈里峰，乃至稍稍有些超过，长达三千五百公里。

在解释范围缩小得多了的“终南山”的时候，早期的中国历史学家们说，“终”的意思是“终结”，“南”的意思是“南方”，“山”的意思是“一座山”或“多座山”。这样，“终南山”就被说成是丝绸之路南面那条岔路沿线的系列山脉的东端。这个解释使得这个复合词有了意义，但是实际上，这个解释是很牵强的，在解释这些山脉对于早期中国人所具有的特殊意义方面毫无用处——早期中国人把终南山的山峰和山谷视为最有力量的天神和地祇的家。

台湾语言学家杜而未提供了一个更为有趣的解释。他坚持认为，“终南”和“昆仑”是两个同词源的词，都来源于同一个字，这个字的意思是“月亮山”。在他的《昆仑文化与不死观念》一书中，杜教授解释道，中国最早的宗教通过“不死”的概念——这个概念是通过月亮的盈亏体现出来的——在生死之间的暗河上架起了一座桥，而昆仑－终南这列山脉，则是这个宗教的神秘中心。而且因为月亮女神住在昆仑－终南这列山脉中，于是这里就成为某些人前来试图接近月亮的神德和它的力量根源的地方。

他们不是普通的社会成员。他们也不像普通人那样进山。他们走着“禹步”(the Walk of Yu)，像一只受伤的野兽那样，拖着一只脚，以唤起山神的同情。像大禹一样——“禹步”就是根据他的名字命名的——他们是萨满[1]，而昆仑－终南这列山脉，是人们所知的他们

---

① Shamans，即中国古代的巫师。——译者注

最早的家。

米尔西亚·埃利亚德在《宗教百科全书》(*Encyclopedia of Religion*) 一书关于萨满教的章节中写道:“在整个包括中亚和北亚在内的广大区域中,社会的巫术和宗教生活集中在萨满身上。”(第十三卷,第 202 页)埃利亚德说,在这样的社会中,出神或附体的状态被认为是最高的宗教体验,而萨满是这种宗教体验的行家里手。在出神状态中,萨满离开他的身体,穿过一系列天国,与各种各样的精灵打交道,为他所在团体的福利而搜寻和积累知识。他通过提供与精神世界的联系以及带回在那里所获取的知识,帮助他的团体抵御黑暗。但是与此同时,他又生活在他所保护的团体之外。

根据埃利亚德所说,一个被称为萨满的人,“寻求着孤独,变得心不在焉,喜欢在森林里或人迹罕至的地方漫游,有幻觉,在睡眠中唱着歌儿”(出处同上)。假如这段话不是描述萨满学徒入门时期的出神状态的话,那么它也很可以适用于遵循隐士传统的人。在古代中国,这两者是紧密联系着的。

在追寻它们的渊源的时候,有一篇最早、也是最重要的文章,它记载了夏朝皇帝、同时也是萨满的启,进入昆仑–终南这列山脉并乘双龙飞走的故事。启还从天上学得了哀歌体诗歌,以后的萨满诗人们,在诸如《楚辞》这样的著作中,一直都使用着这种体裁。

启是另外一位萨满——大禹的继承人。在公元前 2100 年左右,禹建立夏朝的时候,他命令手下的官员们编纂了一本王国指南。其结果是《山海经》。后来,当国家的神秘事情越来越多的时候,历代皇帝对它都有所增益。学者们怀疑这本书是否有那么古老，他们不愿意把这本书的任何一个章节划到公元前4世纪以前。但是不管学者们对这本书的成书日期和它的真实性有什么看法，这本精灵地理志都是一个萨满教知识的宝库。远在这些知识被记录下来之前，它们一定已经口头流传很久了。

这部书关于西部群山的章节，始于三门峡南面的那些山，然后向西沿着终南山和昆仑山一直到达乔戈里峰，并且超过了乔戈里峰。在它们神秘的群峰中，坐落着帝（天神中之最高者）在尘世的都城，那儿还有西王母（月亮女神，长生不死药的施予者）的家。另外还有一些山，萨满们在那里收集配料，自己炼制长生不死药，并飞升上天；在那里，死得早的人也要活上八百年。在此期间，他们随心所欲，尽情享受；那里是太阳和月亮睡觉的地方；在那里，一切都是可能的；那里的动物奇形怪状，令人难以置信，无法描述。

近期的考古发现提供了更多的依据，反映出萨满教远比人们此前认识到的要重要得多，而终南山以北的丘陵和平原，则是萨满教在中国最早的家。考古学家张光启（音译）认为，萨满教派是早期中国文明的最重要的组成部分。不过，张还说，为了与精神世界进行交流，萨满们通常需要一点儿帮助，在这方面，性和酒很重要，还有药物。

在兰州南面，离鸟鼠山不远，有一个新石器时代的村落。在那里，考古学家们发现了一个陶罐，里面装着已经炭化了的人工栽培的大麻的芽。古植物学家李慧林认为，大麻的栽培最初起源于这一

蓝田山色

地区。在这里，它既被当作一种纺织纤维来使用，同时又被当作一种药物来使用。根据李在大卫·N. 柯特利编辑的《中华文明的起源》(*The Origins of Chinese Civilization*) 一书中所说，“北方游牧民族是萨满教的奉行者，显而易见，他们把这种植物当作一种药物来使用，并且把它向西带到中亚、西亚和印度等地区。在那些地方，它主要是被当作一种幻觉剂来使用，而不是一种纺织纤维。”(第31～32页)《楚辞·大司命》中的四行诗显示出了这种植物对于中国早期萨满的重要性：

一阴兮一阳，
众莫知兮余所为。
折疏麻兮瑶华，
将以遗兮离居。

在发现大麻的地方，人们做了一次放射性碳测验，测出这个遗址已有五千多年了。在同一处遗址，考古学家还发现了一把显然是用于祭祀仪式的青铜刀。它不仅说明迄今为止所发现的最早的青铜制品属于中国，而且反映出萨满教非常重要——它可以使用某些特殊的器具，而其他世俗的仪式或异教的仪式则不可以使用。

关于萨满教在中国的发展，还有一个更为重要的发现，这个发现在终南山的另一端。在西安东面六公里处，有一个新石器时代的半坡遗址，在该遗址所发掘出的各种文物中，有中国最早的文字形式以及萨满教艺术最早的例证：一个萨满的鱼精面具，还有一个看起来像是双龙雏形的东西——在天国旅行的过程中，中国萨满是要借助于双龙的。

在整个公元前第五个千年内，或者说七千年以前，半坡遗址一直持续有人居住。它是中国仰韶文化最好的例证之一。仰韶文化之后，有公元前第三个千年的龙山文化。当大禹在将近公元前第三个千年末创建夏朝的时候，他和他的大臣们只能是在仰韶－龙山文化的基础上编纂了《山海经》——这部通向神圣世界的萨满指南。尽管在半坡和其他仰韶－龙山文化遗址所出土的文物不能确证什么，但是至少我们可以据此推断：不迟于公元前第五个千年，有人要离开这个尘世的王国去与神灵的世界进行交流，而且他（她）这样做是在终南山附近。

那么萨满是怎样变成隐士的呢？直到公元前第三个千年末，萨满在中国新石器时期的文化中，还一直占据着重要的位置。但是，在公元前第三个和第二个千年中，也就是在最初的朝代国家时期，都市化和社会阶级分化成为这些朝代国家的主要特征。都市化和社会阶级分化的出现，导致了萨满这样的个体的生存危机。伴随着都市化和社会阶级分化的发展，做决策的过程变得越来越官僚主义化，而这种变化使萨满们的地位日益遭到怀疑。在《古代中国的思维世界》（*The World of Thought in Ancient China*）一书中，本杰明·施瓦茨对新石器时代社会（这个社会正在进化成为一种高级文明）中的萨满的模糊角色进行了总结和概括：

米尔西亚·埃利亚德是从这个角度出发来定义萨满的：他（她）通过出神或附体的经验而拥有使他（她）的灵魂挣脱肉体束缚的力量，以便直接与神灵进行交流。萨满也许会在神灵的世界里漫游，也许会通过类似于出神的程序忍受神灵的占有（指附体）。迈斯派罗认为——我相信他是正确的——在这漫长的过程中，萨满教不能适应中国正在形成的国家宗教。这种宗教不可能对一种独立的宗教力量（指萨满教）有好感。萨满教是直接通过出神经验来接近神灵的，而这被认为是僭越了官方所支持的与神灵进行交流的礼仪渠道。（第 36 页）

萨满的影响被官僚的影响遮蔽了。通过分析公元前第二个千年的甲骨文，董作宾指出，当时对神灵的信仰一直在持续削弱，而对自然神和神话祖先的祭祀正在逐步消失。与神灵的交流仪式变得如此程式化，以致药酒刚刚被萨满喝下，就被他的官僚继承人吐出来了。这种程式化决定了萨满教在宫廷中的命运——在宫廷中，萨满教与神灵的交流过程，被礼仪性的行为举止取代了。人们认为，这些行为举止本身就是灵验的，殊不知它却已经被从它的根——萨满教上切下来了。

随着文明的发展，萨满们开始变得与群山亲密起来，而不是与城市中心。《山海经》告诉了我们这些萨满中某些人的名字，他们中最重要的人物正是住在昆仑－终南这列山脉中。这就是一直延续到今天的隐士传统的开端。

隐士的茅蓬（草堂）。8 世纪卢鸿作。这是画者隐居嵩山时创作的十幅画作中的第一幅。嵩山是终南山最东面的支脉。

隐士传统之所以能够延续，是因为中国人一向尊重过去，而隐士则保持了那个“过去”最重要的因素——它的精神传统。随着文明的发展，这个传统既没有被遗失，也没有被遗忘。恰恰相反，在中国，隐士一直是人们最尊敬的人，因为隐士是圣贤。他们能够看到其他人看不到的东西，听到其他人听不到的声音。

当皇帝、国王、部落首领和早期中国文化的领导者要与自然力量以及城墙外、人心中的神进行交流的时候，他们就会转向隐士。隐士能够与天对话。他们谙熟天的种种迹象，他们说着天上的语言。隐士是萨满和神、草药师和外科医生、冥阳之事的行家。他们的世界要比被墙围住了的城市世界大得多。隐士不受幻想和习俗强加于人的各种价值观念的左右，他们一直是中国社会必不可少的组成部分，因为他们承载了中国文化最古老的价值观。如果没有异议的话，他们代表着中国神话传说中的过去，而这个过去没有比在月亮山的各种面孔中表现得更为明显的了——不管它是叫昆仑山、终南山，还是只叫南山。在《诗经》中，有一篇祈祷文表达了对南山的敬意：

如月之恒，
如日之升，
如南山之寿，
不骞不崩。

第三章　举世皆浊

尽管隐士传统是中国社会一个必不可少的组成部分，但是直到公元3世纪末，中国官员才开始费心思去传讲隐士的贡献。《后汉书》里有一章是专门讲隐士的，作者是这样开头的：

或隐居以求其志，或曲避以全其道，或静己以镇其躁，或去危以图其安，或垢俗以动其概，或疵物以激其清。

作者继续解释说，除了个体之间的这些差异之外，所有的人都有一个共同、不变的目标，那就是修道。对他们来说，道是通向尘廛之外的。虽然孔夫子同意“道不行矣”，但是他仍然待在尘廛里，因为他认为，作为一个敬道的人，说服那些当权者“为政以德”是他的责任。那些为政以德的人就好比北极星，世界会围绕着他而和谐地旋转（“譬如北辰，居其所而众星共之”）。

不是每个人都是这样乐观的。楚狂接舆佯狂以避世自保，他曾经从孔子身边走过，作歌曰：

凤兮，凤兮！
何德之衰？
往者不可谏，

来者犹可追。

已而，已而！

今之从政者殆而！

——《论语》第 18 章

对于一部分人来说，修道意味着孤独的生活，而对另外一部分人来说，则意味着从政生涯。不管一个特定的个体可能会做出什么样的选择，在整个中国历史上，关于这两种选择之间的辩论是永无休止的。在《楚辞》里，《渔父》继续着这场辩论：

屈原既放，

游于江潭，

行吟泽畔，

颜色憔悴，

形容枯槁。

渔父见而问之曰：

“子非三闾大夫与？

何故至于斯？”

屈原曰：

“举世皆浊我独清，

众人皆醉我独醒，

是以见放。”

渔父曰：

“圣人不凝滞于物，

而能与世推移。

世人皆浊，

何不淈其泥而扬其波？

众人皆醉，

何不餔其糟而歠其酾？

何故深思高举，

自令放为？”

屈原曰：

“吾闻之：

新沐者必弹冠，

新浴者必振衣，

安能以身之察察，

受物之汶汶者乎？

宁赴湘流，

葬于江鱼之腹中，

安能以皓皓之白，

而蒙世俗之尘埃乎？”

渔父莞尔而笑，

鼓枻而去。

乃歌曰：

“沧浪之水清兮，

可以濯吾缨；

沧浪之水浊兮，

可以濯吾足。”

遂去，

不复与言。

屈原是中国历史上第一位伟大的诗人。大约公元前300年左右，他以三闾大夫的身份供职于楚国宫廷。在楚国附近，有沧浪河流过。由于批评了楚王的过失，以及遭到同僚的诽谤，屈原被流放到长江南岸的沼泽地带。就在那里，当他正沿着湘江岸边行走的时候，那位渔父遇见了他。屈原对楚王的昏聩感到失望，又不可能继续从政，所以他的前途怎么样，应该是显而易见的了。在《离骚》里，他写道：

何离心之可同兮，

吾将远逝以自疏。

邅吾道夫昆仑兮，

路修远以周流。

但是屈原没能成为一位隐士。他也从来没有到达过昆仑－终南山一带。他拒绝了渔父的建议，就在汨罗江注入湘江入口处的东面，跳进了汨罗江。

每年的阴历五月初五，中国人仍然划着龙舟去捞救屈原。人们往水里扔粽子，好让鱼龙乱作一团，以争取时间，使龙舟能够追上屈原。但是，不管人们怎样努力，诗人依旧年年沉水——只苦了中国的江河，变得越来越混浊了。

道德和政治之间的矛盾是隐士传统的核心。如果说，屈原发现了要如自己所愿解决这两者之间的矛盾很困难，那么应该说，他不是唯一有这种感觉的人。在屈原投江之前八百年，有一对兄弟也面临着同样的问题。他们的名字是伯夷和叔齐。当伯夷和叔齐听说新建立的周朝的创建者不但反叛自己的君主，而且还没有如礼安葬自己的父亲就起兵远伐的时候，他们厌恶地拂袖而去，迁居到了首阳山。他们就是这样坚持自己的原则的。

首阳山在黄河北岸，在终南山东端的对面，离舜（尧所选择的继承自己王位的人）即位前的隐居地不远。舜以忠孝闻名，而这两种品质为伯夷和叔齐所敬重。但是与舜不同，这对兄弟没有遇到欣赏他们这种品质的明君。在隐居期间，他们停止食周粟，而靠喝鹿奶和吃薇菜维生，这种做法让批评者无从置喙。最后他们饿死了。

司马迁在他们的传记里提到，为了抵御饥饿，分散注意力，他们经常唱下面这首歌：

登彼西山兮
采其薇矣，
以暴易暴兮
不知其非矣。
神农虞夏忽焉没兮
我安适归矣，
于嗟徂兮
命之衰矣！

在《论语》里，孔子评论说："齐景公有马千驷，死之日，民无德而称焉。伯夷、叔齐饿于首阳之下，民到于今称之。"（第 16 章）。孟子（约公元前 371 ～公元前 289 年）称伯夷为"圣之清者"。然而在称赞这对兄弟的同时，孔子和孟子告诉他们的弟子，这样的做法太死板了，不值得仿效。毫无疑问，孔子和孟子是会仕周的。

不过，不是所有的求道者都把从政和隐居之间的界限划分得如此泾渭分明。张良和诸葛亮就是这样的两个人。

张良的祖先世代为韩国（今河南省）的大臣。公元前 230 年，在秦统一全中国的进程中，韩国被吞并了。作为孝子忠臣，张良发誓要为家族和国家的荣誉而复仇。但是为了确保他能够活得足够长，以实现这一抱负，开始的时候，他隐居到了山里。在隐居期间，他遇到了一位老人，老人对他谦恭的品质进行了考验。这位老人看起来像是一位道教的神仙，他奖给张良一卷失传已久的吕尚的《太公兵法》。事实证明张良确实是一个聪明的学生——走出隐居生活以后，他帮助刘邦推翻了秦朝，创建了汉朝。

为了表达对张良的感激，新皇帝愿意赐给张良他想要的任何一块封地，于是张良选择了终南山南坡的留坝。然后张良宣布了他的意图:他要从世俗事务中抽身引退。之后他开始辟谷，并且练习调息，希望能使自己变得足够轻，好飞升上天。公元前 187 年，他终于这样做了。

在此以前，当张良还在隐居和研究吕尚兵法的时候，新建立的秦朝开始征召全国的士人。然而，秦朝的统治是以残暴而闻名的，所以有四位朋友拒绝应召，他们是东园公、甪里先生、绮里季和夏黄公（商山四皓）。商山四皓很有名望，他们拒绝背弃自己的原则，因此隐居到终南山南面的商山。在那里,他们靠采集草药为生。根据《汉书》[①]记载，他们经常唱这首歌以自娱：

莫莫高山，
深谷逶迤。
晔晔紫芝，
可以疗饥。

①应为晋代皇甫谧的《高士传》。——译者注

商山四皓（16世纪谢时臣作）

唐虞世远，

吾将何归？

驷马高盖，

其忧甚大。

富贵之畏人，

不如贫贱之肆志。

尽管他们一直过着隐居生活，却声名远播。秦始皇曾试图引诱他们出山，刘邦也这样做过，可是都失败了。后来，当刘邦将要废太子而代之以宠妃之子时，吕后向张良求助。她采纳了张良的建议，说服了商山四皓，使他们相信太子把智慧和谦恭看得比财富和权力更重要。商山四皓来到都城，陪侍太子入宫。当高祖看到太子已经成功地赢得了这些人的敬重的时候，他改变了废太子的主意，并且叮嘱商山四皓好好辅佐他的儿子。

另一个更为著名的例子是隐士诸葛亮。他结束了隐居生涯，而去辅佐一位明主。诸葛亮生于公元 181 年，当时全国各地战乱纷起。诸葛亮年轻的时候，就搬到了荆州（在今湖北省）城外的一座小村庄里，以逃避乱世。之后他在那里隐居了十年，并且拜另一位著名的隐士司马徽为师。

在这段混乱的时期里，汉朝统治者失去了中央集权，大权旁落到曹操领导的一伙将军手里，地方豪强也纷纷建立自己的政权。当时以荆州（屈原被流放前曾经供职过的地方）为中心，就有这样一个割据政权。公元201年，刘备为躲避曹操也逃到此处。刘备是汉室的一个远亲，他已经招募了一批人马，以图恢复汉朝的统治。但是他还缺少一个深谋远虑的军师。

当刘备听说诸葛亮可能是这样一位人选的时候，他决定亲自去拜访诸葛亮。可是就像有时候会发生的那样，即使是作为大人物去拜访隐士，刘备还是不得不三顾茅庐，才得到了诸葛亮的接见。当这两个人终于会面的时候，刘备对诸葛亮的雄才大略留下了如此深刻的印象，以至于他乞求诸葛亮结束隐居生涯，去扶助他安邦定国。诸葛亮同意了。

在此后的岁月里，诸葛亮的所作所为，证明了他无疑是中国历史上空前的、最伟大的谋略家。有一次，他指挥一支仅两千人的队伍赶走了一支二十万人的军队。中国人当中，很少有人没读过《三国演义》，很少有人不知道诸葛亮的丰功伟绩的。公元234年，在西安西面终南山麓丘陵地带的一场战役中，诸葛亮因病去世。他去世的那天，一颗流星落在他的军营附近。这颗陨石后来被人们镶嵌在武侯祠的墙上——至今武侯祠仍在俯瞰着诸葛亮和那座流星陨落于其中的山谷。

关于如何处理隐居和从政之间的矛盾问题，诸葛亮在去世之前，曾经给他的儿子留下了一纸《诫子篇》：

夫君子之行，静以修身，俭以养德。非澹泊无以明志，非宁静无以致远。夫学须静也，才须学也，非学无以广才，非志无以成学。淫漫则不能励精，险躁则不能治性。年与时驰，意与日去，遂成枯落，多不接世，悲守穷庐，将复何及！

修道者之间的主要差别就在这一点上：从政还是不从政，韬光养晦还是大放异彩——假定事实如马修·阿诺德所言，“人是有光明的”，这个差别与其说是一个哲学问题，还不如说是性格和个人感觉的问题。目标总是保持不变的：把道德原则运用到人事上去。孔夫子、屈原、伯夷和叔齐、商山四皓、张良以及诸葛亮都是这样做的。要理解这些道德原则，一段时间的隐居生活被认为是必要的。但是有时候隐居会持续一生，不过它的目标仍然是在世间建立和谐、扩展和谐。

隐居和从政被看作是月亮的黑暗和光明，不可分而又互补。隐士和官员常常是同一个人，只是在他生命中的不同时期，有时候是隐士，有时候是官员罢了。在中国，从来没有体验过精神上的宁静和专注而专事追名逐利的官员，是不受人尊重的。中国人一直把隐士视为最重要的社会恩人中的一个族群，因此，不管他们的修道追求看起来多么不同寻常和消极遁世，中国人都是持鼓励的态度，而不是泼冷水。不管隐士是否走出隐居生活去从政，他们对于整个文化都产生了巨大的影响。他们是一泓泓“纯粹的思考”和“纯粹的生活”的源泉，迟早会找到合适的渠道，流向城市的。

当中国第一位伟大的诗人从宫廷中被放逐出来的时候，他自沉而葬身于鱼腹；中国第二位伟大的诗人陶渊明则还没有等到任期结束，就隐居到了乡下。在中国，隐士们有一种解脱自在的精神，即保持心灵、而不是身体远离城市的尘嚣。这种精神，陶渊明在他的组诗《饮酒》之五中，为我们提供了一瞥：

结庐在人境，
而无车马喧。
问君何能尔，
心远地自偏。
采菊东篱下，
悠然见南山。
山气日夕佳，
飞鸟相与还。
此中有真意，
欲辨已忘言。

隐士是中国保存得最好的秘密之一，他们象征着这个国家很多最神秘的东西。他们那种化机巧为无心的返朴归真的智慧，没有比在中国最早的隐士传记《高士传》的开头部分记载得更清楚了：

尧之师曰许由，许由之师曰齧缺，齧缺之师曰王倪，王倪之师曰被衣。齧缺问道乎被衣，被衣曰："若正汝形，一汝视，天和将至。摄汝知，一汝度，神将来舍。德将为汝美，道将为汝居，汝瞳焉如新生之犊，而心无求其故。"

言未卒，齧缺睡寐。被衣大悦，行歌而去之，曰：

形若槁骸，

心若死灰，

真其实知，

不以故自持。

媒媒晦晦，

无心而不可与谋，

彼何人哉！

第四章　访道

当中国人开始把他们对宇宙的理解写成文字的时候，他们有一个通用的字，这个字就是“道”。“道”的意思是“道路”，它的引申意思是“生活道路”。但是最开始的时候，“道”并不是旅行家或哲学家的用武之地，而是部落萨满的专利。萨满们维持着生者和亡者之间的联系，他们认为，这种联系没有比在月亮的盈亏——也即阴阳上体现得更清楚了。

根据杜而未教授的语言学分析和文本分析，“道”这个字最初是指月相。中国最早的道教徒就是拜月的男女萨满，他们利用自己灵魂飞行的力量，去探索月亮永恒更生、亘古长存的秘密。在中国早期的萨满和他们的道教继承者们看来，太阳是永恒不变的。在变化的世界里，月亮掌握着所有的秘密。所以，探索道的秘密就是探索月亮的秘密。而要探索月亮的秘密，就要住在月亮神居住的地方，也即生活在城墙之外——因为那些城墙是人们修建起来以阻挡变化的。

将近五千年前的某一天，在中国西北的群山里，黄帝遇到了中国一位早期的道教徒，他的名字叫广成子。在他们晤谈期间，黄帝向广成子请教长生不死的秘密。广成子的回答被记载在两千年以后的《庄子》一书中：

必静必清，无劳汝形，无摇汝精，乃可以长生。目无所见，耳无所闻，心无所知，汝神将守形，形乃长生。慎汝内，闭汝外，多知为败。

——《庄子 · 在宥》第十一

黄帝从广成子和其他生活在中国早期文明边缘的人那里，学到了道家修行的秘诀。在黄帝统治的百年期间，他反过来又将道教传遍了中国北方。与此同时，他也为中国公共文化传统奠定了基础。每年 4 月初，在中国人专门留出来为祖先扫墓的那一天（清明节），中国西北的政府高级官员们仍然要祭拜黄帝墓，以表达他们对黄帝的敬意。因为黄帝被认为是中国文化和道教的创始人。

尽管像道教这样一个散漫的宗教很难说有什么创建者，但是人们仍然把它归于黄帝的名下，一来是为了显示道教的古老性，二来是为了把道教的发展与中国最早的文化英雄联系起来。但是尽管道教可能在黄帝那里孕育过，可是在接下来的两千年里，它仍然保持着胚胎的形式，直到老子在终南山逗留了很长一段时间以后，才由他把这个孩子交到尹喜的手上。

公元前 100 年左右，当司马迁撰写《史记》的时候，以及公元 100 年左右，班固编纂《汉书》的时候，他们给很多观点极其相左的军师、政治思想家、文学人物和哲学家都贴上了道教的标签。最开始的时候，道大得足以含容天下万物。在这段“大道”期间，中国最早的历史学家们将老子列于此类人物之首。

与传说中的道教创始人黄帝的情形一样，老子无疑也是在传播着过去曾经由其他人表述过的智慧。比方说，老子的观点常常被用“无为”这个词来概括。但是两千年前，在黄帝消失于云间之后不久，据说舜帝仅仅通过面南就实现了他对中国北方各部落的统治。不过，将这种智慧用语言表达出来，这个荣誉还是应该归于老子——尽管连老子自己都承认，这种语言实际上无法表达出道的玄之又玄。当然，把老子当作自己始祖的道教徒们宣称，老子所教导的远远不止于无为，他还教给人们修行的秘诀。这种秘诀向来都是通过师父的口头指点以及借助晦涩难懂的经文传授给弟子的。那些经文如果不经过师父的指点，人们根本就看不懂。

根据最早的老子传记，他出生于公元前 604 年，一生下来就已经须发皓白了。后来他供职于东周都城洛阳，为周王室做守藏室的史官。老子学识渊博，他所掌握的学问中，有一门不寻常的学问就是“礼”。但是对于精神上与萨满一脉相承的人来说，这门学问也并非有什么特别了不起的。老子八十八岁的时候，年轻的孔子为了增长古代礼仪方面的学识，特地从鲁国赶到洛阳来拜访他。在《史记》里，司马迁记下了老子对来客的忠告：

子所言者，其人与骨皆已朽矣，独其言在耳。且君子得其时则驾，不得其时则蓬累而行。吾闻之，良贾深藏若虚；君子盛德，容貌若愚。去子之骄气与多欲，态色与淫志，是皆无益于子之身。吾所以告子，若是而已。

老子与孔子会面的故事，还分别以不同的形式记载在《庄子》和其他早期的道教经典里。除此之外，我们所知道的关于老子的唯一一个另外的信息，就是老子消失在终南山的故事。

周朝迁都，从渭河平原向东迁到黄河平原边缘，标志着历史学家所称谓的东周的开始，以及周王朝权力的衰落。随着周王朝统治权力的衰落，它的统治者们相应地也显示出了道德品质的日益败坏。此时他们名义上还是各诸侯国的主人——那些小国的诸侯们同样缺乏懿德，却在争先恐后地试图建立新的霸权。与孔子会面之后不久，老子决定遵行夙愿，悄然骑上青牛，远走隐退。

几天后，老子到达函谷关。在那里，他受到尹喜的欢迎。尹喜也是一个修道者。在此以前，尹喜在终南山的瞭望台上，看到一朵紫色的云在天空中从东向西飘来（紫气东来）。他根据自己的天象知识推断，不久将有一位圣人从这一带经过。而后他就谋得了看守函谷关的职位——从东方来的行人一般都要经过函谷关。他认出了老子，认为老子就是他正在等候的那位圣人。老子到了以后，他马上辞去了自己的新工作，邀请这位圣人与他一起，到他在楼观台的瞭望台上去。尽管楼观台在函谷关西面二百五十公里处，但它与老子所走的路是同一个方向，所以这两个人就一起到那儿去了。

关于他们的会面与旅行，我们再也不可能知道更多了。只知道最后，老子把《道德经》交到了尹喜的手上。《道德经》是道教最早的经典，迄今为止，还没有哪一种对“道”的解释能够超过它。二十年前，当我刚刚开始学习古汉语的时候，《道德经》是我最喜欢的篇章之一。当我得知它是在终南山里写出来的时候，我决定追随它的作者的足迹。

我们租了一辆车，雇了一位司机，开始在函谷关狭窄的道路上行进。这条路从黄河和灵宝镇（音译）附近终南山东端之间的黄土丘陵中穿过。路面很窄，仅能容下一辆手推车或者一头牛。于是我们不得不走南面几公里外新铺的那条路。从函谷关开始，我们沿着老子走过的路线，向西经过陡峻的华山之巅和骊山温泉，追随着圣人，出了西安的西大门。经过一次警察检查以后，我们在三桥镇拐向西南方。

中国的警察就像北欧神话中的巨人。不管在哪里，警察检查一次，一般都要花上二十元到一百元人民币——一百元人民币相当于二十美元。交多少钱取决于哪些证件出了问题。幸运的是，我们司机的所有五套证件都没有问题。

又被警察检查过三次之后，我们到了一个叫马王镇的村庄，走上了村右的一条路。这条路经过一个大门，门里锁着几座 1955 年出土的皇陵。这一带是周朝的两个都城丰和镐的所在地。直到公元前 8 世纪，二都被入侵者毁灭，而为洛阳所取代。两百年后，在老子去楼观台的路上，当他经过丰都和镐都的遗址时，他一定曾经想起了人类这短暂的辉煌。在《道德经》里，他写道：

甚爱必大费，

多藏必厚亡。

大门上有一行手写的字迹：“游人止步。未经许可，不得擅入。”大门没有锁，于是我们就进去了。周围一个人也没有，但是我们毫不费力就找到了要找的建筑物。那座建筑物里面有一个大深坑，坑里有两辆考古学家撂在那里的战车。这两辆战车是陪葬品，是为周王室死后的生活服务的。门锁着，但是透过窗户，我们可以看到战车的轮子和车体仍然留在原地，与六匹马的遗骸在一起。我们没有看到任何御者的蛛丝马迹。从另外两座建筑物的窗户望进去，除了空空如也的展柜，我们什么也没有看见。我想起了十二年前在台湾见到的几百件走私的周代陶器，当时它们正通过一位与我关系较好的朋友的手，流向外国买主。几件完好无损的、有三千年历史的周代陶器，仅售一百美元。不幸的是，那些日子我正住在寺庙里，手上连一百美元也没有。

我们离开了丰都和镐都被埋葬了的遗址，继续向西进发。在大王镇，我们掉头向南，停下来接受又一次警察检查，最后到达户县县城。在县城中心附近的一条侧街上，我们停在一座展览馆前。1958 年，中央政府开始鼓励农民从事艺术创作和手工艺制作。从那时起，户县农民就成为中国最有名的画家中的一个族群。无论什么时候，只要农活儿不太忙，他们就会骑上自行车，来到当地的艺术中心。中心给他们提供纸、画笔、海报画和少得不能再少的指导。

春播还没有开始。在展厅里，我们遇到了这样一位艺术家。他的名字叫洛志俭，他把他的作品拿给我们看，这些作品给我留下了深刻的印象。我问他是否画过终南山，他说没有，于是我请他试试。四个月后，一位台湾朋友在户县逗留，拿到了那幅已经完成了的画作——蓝色的天空滋润着蓝色的群山，一条蓝色的河流从群山中流泻而出。

在户县，经过最后一次警察检查之后，我们转头向西，渡过了涝河。十公里后，我们离开大路，向附近的一个叫祖庵村的小村庄开去。祖庵村是重阳宫的所在地。重阳宫是中国过去最著名的道教中心之一，它建于 13 世纪，供奉的是道教全真派的创始人王重阳。

王重阳从军以后不久，就看透了生命的虚幻。于是他搬到这一带，开始修习佛教禅定。几年后，当他在附近的终南山里漫游的时候，遇到了道教仙人吕洞宾和汉钟离，并从他们那里得到了道教方面的秘密口授。从那以后，王重阳在这里度过了七年的时光。他和吕洞宾、汉钟离三个人一起生活在一个岩洞里。那个岩洞，王重阳称之为“活死人墓”。在王重阳的著作里，他把禅宗、理学和传统的道教重点——养生三者结合了起来。公元 1170 年，王重阳辞世。此前他成功地把自己对道的领悟，传给了远在山东的七位弟子。这七位弟子中的四位弟子，把他们师父的遗体运回了他过去“坟墓”的所在地。

按照儒家哀悼父母的习俗，四位弟子都在坟墓附近搭了茅屋，并且在这一带待了三年。三年后，他们才离开这里，去弘扬师父的教法。1222 年，四位弟子之一的邱长春终于成功地到达了成吉思汗在中亚的军营，并且从他那里争取到了一道诏书，保证全真派及其信徒在蒙古统治下的中国北方地区享有特权。从那时起，全真派就

《终南胜景》（户县农民画，洛志俭作）

被认为是中国道教火种的主要保持者。在传统的道教修行如炼金术、气功和禅定之外，全真派又建立了道观制度。

重阳宫修建之后不久，就成为中国历史上可能是最大的宗教建筑。它得到蒙古王室的支持，容纳了一万名道士和道姑。在我们参观期间，我们所看到的，只有一座摇摇欲坠的大殿，在暗示着这座道观昔日的辉煌，还有几十块石碑——或者说大石板，镶嵌在北墙里。这些石碑都是13世纪的文物，其中包括王重阳和他七位弟子的肖像。陈列的石碑中还有王重阳的书法，字迹粗犷流畅，以及他的七位弟子的书法，连同蒙古文原文范本。与中国大部分具有历史意义的宗教场所一样，这个地方处于政府的控制之下，只除了两位老道士在那里看管大殿。负责管理的官员对于我们的出现持怀疑态度，所以我们一浏览完石碑，就离开了。

在重阳宫的西面，我们的车掉头向南，沿着一条河往前走。村妇们正在岸边的石板上洗衣服和床单。向南望去，可以看到这条河的源头在终南山附近的山岭上。走了一小段之后，我们重新回到主路上，再次向西进发。大约十五公里之后，我们在田河边停下来。在田河宽阔的沙质河床上，有一座郁郁葱葱的小山平地凸起。这座小山就是楼观台，也就是《道德经》的家。

在古代，统治者们认为，掌握天道的知识对于管理国家事务是至关重要的。战役的胜负常常得取决于天气；而朝代的盛衰则要看彗星的尾巴。公元前11世纪，周朝创建之后不久，据说康王曾经命人在这座小山上修建了一座瞭望台，离丰、镐二都骑马要一整天的路程。公元前10世纪,穆王参观了这个地方,并命人修建了一座祠堂。这座小山后来以“楼观台”而知名（也即瞭望台的意思），而它最著名的守望者就是尹喜。当尹喜在函谷关遇到老子以后，是他把老子带到这儿来的。

我们过了田河，掉转车头向那座小山开去。车左路经一堵墙，里面是过去皇室的宗祠。公元前219年，即在穆王修建了第一座祠堂之后的八百年，秦始皇也在这里修建了一座祠堂，那是为了纪念老子的。一百年后，汉武帝亦在此处修建了一座祠堂。这个地方也曾经得到其他皇帝的垂青。但是这些早期的祠堂，没有一座能与唐高祖修建的那座大型建筑群相比。它包括五十多个独立的建筑物，是唐高祖于公元618年建立唐朝之后不久，命人修建的。

高祖姓李，与老子同姓，于是他的祖宗很容易就被追溯到了圣人那里。随后，楼观台也变成了皇家宗祠，被重新命名为“宗圣宫”。如今，除了记载着楼观台早年历史的几块石碑和一棵据说是老子手植的古老的银杏以外，在这堵崭新的灰砖墙后，什么也没有。银杏生长极其缓慢，这一棵枝干粗壮，依然枝繁叶茂，只是它的主干因为遭受火灾而变成了空心的。

看过了老子的银杏树以后，我们沿着一条林荫路，继续向上走。穿过一座小村庄，然后经过一道拱门，上书“楼观台森林公园”。路右是一座新近建成的、可是已经破败不堪的两层楼的旅馆。它荒凉得就像我们刚刚在下面的路上离开的那座石碑林立的墓园。经过这座旅馆，我们进了道观大门，停下来在道观旅馆里登记。一张床每

楼观台

晚十元人民币，也即两美元。

旅馆上面是一个泥地院子，里面也长着一棵古老的银杏，还有一眼井。井后是一个大厅，里面石碑林立，石碑上记载着楼观台周期性的复兴。我们沿着一条过道穿过大厅，然后顺着一条石阶，沿着楼观台南坡，向山顶的主殿进发。据说这里是老子给尹喜上课的地方，后来他的教导被记录下来，就成了《道德经》。就在主殿的门内，立着两块刻于 13 世纪晚期的石碑，上面是《道德经》中的“道经”和“德经”。

正殿面对大门，里面供着《道德经》的作者。右首是一间偏殿，供着后期的道家哲学家庄子和列子。左首也是一间偏殿，供着太白金星，也就是傍晚出现在西方地平线上的那颗星。我停下脚步，与一位坐在石阶上的道士攀谈。他的名字是任法周，原来他是楼观台住持的助手，也是陕西省道教协会的副会长。他说，1958 年，当他初次来到楼观台的时候，道士和道姑的人数已经衰减到一百五十人。新中国成立前，这里曾经有五百多位道士和道姑。“文革”期间，只有大约十二人千方百计留在了道观里。任法周说，红卫兵不但赶走了道观里的大部分出家人，而且还摧毁了所有的建筑。楼观台上的那些建筑物，都是最近才重修起来的。

在老子殿后，我们沿着一条石阶，从楼观台的北坡下去，来到一座与老子庙相毗邻的祠堂。祠堂里面供着斗姥。斗姥掌管着人的寿数，以确保人们活完分配给他们的年岁。因为我的儿子红云与斗姥的丈夫北斗神君的生日是同一天，所以我上了一大把香。尽管如此，它的香气还是远远不及殿外桃花的芳香。

在斗姥殿后，我们沿着另一段台阶往下走，来到另一座祠堂。这里供着虹云公主，她是主管送子的，因此我也为女儿艾丽斯而感谢了她。

在回入口处的路上，我们沿着一条拱廊，穿过我们刚刚经过的那座院子。墙上镶着石碑，碑上刻着昔日著名的来访者所留下的诗歌、书法及绘画作品。在9世纪的参观者中，大诗人白居易留下了下面这首诗。它的开头是一句引言，这句引言在五千言《道德经》的结尾处：

言者不知知者默，

此语吾闻于老君。

若道老君是知者，

缘何自著五千文？

下来回到主院里，我们要了面条。我开始浏览在正门那儿得到的游客手册。1982年，楼观台附近的土地，大约有六百四十公顷，被置于省政府森林管理局的管辖之下，种满了竹子、黑槐、胡桃和松树。楼观台位于西安城外七十公里处，乘车大约要三个小时，对于大多数旅游者来说，它离西安有点儿太远了。很显然，政府正在把它变成一个森林研究中心。

阅读游客手册的时候，我在想，在楼观台这些分散的建筑群后面，它的布局意图是什么。此时这个念头浮上脑海：这种安排很可能是代表三个内在的精神中心，即上、中、下三个丹田——道教徒们把他们体内的气息循环都汇集到这三个地方。如果这个想法是正确的，那么坐落在向北两公里处、平原上的过去的皇家祠堂就是代表着下部的精神中心，就在肚脐下面，即下丹田；老子发表关于道的演说的那个地方附近的那座小山，就代表着中部的精神中心，在心脏附近，即中丹田；位于那座小山向南两公里处的山上的祠堂，则象征着上部的精神中心，在头上，就是我们如今注意力集中的地方，即上丹田。

从院子里开始，路变成了一段一段的砖路。最近下了很多雨，沿途路上积满了水。一个小时后，我们遭到一群工蜂的针刺“欢迎大典”，然后终于到达炼丹炉。据说，老子动身回仙境以前，就是在这里炼制长生不死药的。

这座孤独的祠堂小得仅能容纳一张供桌和三把椅子。其中一把椅子上坐着一位老道姑。她说，她每天从早到晚坐在这里，为道观看守这座祠堂，由此可以得到面粉和其他的生活必需品。她姓张，是河南省南阳地区的人。当我们的眼睛适应了祠堂里的光线以后，我发现，她缠过足。缠足使得她从儿童时代起，走起路来就颤颤巍巍的了。她说，她每年只在特殊情况下，才下山一两次。她七十九岁了，出家也已五十多年了。近二十年来，她一直过着隐居生活。开始是在西面的太白山上，最近则是在这座能够俯视楼观台的山上。她说，为了修习禅定，她宁愿一个人生活。但是她说冬天很冷，下雨的时候，祠堂的屋顶就漏水。沿着小路再往上走一百米，有一间

住在炼丹炉的女道长

小土坯房子，茅草苫的屋顶，那就是她的家。那是几十年前另一位隐修者盖的。

当我问及其他隐修者的时候，她说，十年前，她刚到这里的时候，这一带确曾有过不少隐士，但是现在大部分都已经死了，或者搬到别的地方去了，还有的回到了寺庙或道观里。她说，她认识一位老和尚，住在离这里三个山头远的一间茅篷里。我估计，他是在四方台附近的某个地方。

我很愿意跟她聊天，但是我真希望自己能多懂一点儿河南方言。我们回到下面的院子里，也就是楼观台的中轴线上。楼观台的三个精神中心坐落在一条南北轴线上，彼此之间相距两公里。除此以外，楼观台还有一双“翅膀”，各向东西方延伸出大约六公里。我所看到的这种建筑式样，使我想起了《庄子》开篇中的那只传说中的大鸟：

> 北冥有鱼，其名为鲲。鲲之大，不知其几千里也。化而为鸟，其名为鹏。鹏之背，不知其几千里也；怒而飞，其翼若垂天之云。是鸟也，海运将徙于南冥。南冥者，天池也。

“鹏”的“右翅”包括一系列建筑物，它们一直延伸到一个叫西楼观台的地方。西安外事局的人告诉我们，西楼观台“太危险了”，所以不准外国人入内。我们猜想，这就是说它位于某种军事设施的附近。可是，根据出家人所说，西楼观台上唯一的景致就是一座小庙和老子的坟墓。

我不知道关于老子坟墓的故事起源于何时。不过公元前100年左右，司马迁在撰写这位伟大圣人的传记时提到，老子继续西行，经过函谷关（距离楼观台有两天的行程）之后，终于消失了。道观里的一位道士告诉我，这两个故事都有可能是真的。他说，道教徒委弃他们的遗兑就好像蛇蜕皮，老子离开以前，可以很容易地把束缚着他的肉体留在楼观台。

既然不能参观楼观台的“西翅”，我们就把注意力转移到了“东翅”上。它一直延伸到一个叫仰天池的地方。没有人说过这个池塘或它附近的祠堂是禁止进入的。一个在正门卖面条和香的人同意给我们当向导。他说，他已经有十多年没有到过那儿了，不过他还记得路。我们从山的东坡走下去，很快就穿行在长满了粟苗的田野里。

在距离小山大约一公里处，我们路过一座石碑，它兀立在粟苗之间。向导说，原来这儿有一座大寺庙，红卫兵占领了这个地方以后，整个寺庙都毁了，只剩下了这块石碑。越过石碑，我们渡过了田河。之后途经一座小村庄，村庄里都是土房。然后我们向山里进发。

几分钟后，我们到达一座小山。山顶上曾经有过一座祠堂，里面供着元始天尊。据说老子是他的一个化身。我们的向导在一块石碑前点燃香和烛，然后我们继续向前走。那块石碑，就是那座祠堂唯一的幸存物了。

在小路上，我们遇见了几位樵夫。其中一个人说，住在仰天池的最后一位道姑前年离开了那里，去了遥远的太白山的山峰上。在那里，她可以有更多的地方种菜，以及拥有更多的孤独。

一个小时后，我们到达鞍形山脊，然后走上一条岔路，去山顶上的一座小祠堂。这座小祠堂是八边形的，就像道教里八卦的形状——八卦是指《易经》里的八种卦象。这个地方叫“栖真亭”，据说老子在楼观台逗留期间，就是在这里修习禅定的。栖真亭里曾经供养过的所有塑像和使用过的法器，都已荡然无存。我们下去回到鞍形山脊上，继续走，来到附近的一个小山村里。村里有六户人家，他们的屋子沿着一个长满了灯芯草的池塘的北岸，一字排开。这个池塘，就是仰天池。

我们受到一位农夫的欢迎。他戴着一顶蓝色的水手帽，双颊如此红润，以至于开始我以为他是荷兰人。他领我们从两座农舍中间穿过，打开了那最后一位道姑前年遗弃的祠堂。祠堂里面的墙上全是壁画，展示了周朝的兴衰，以及老子环游世界的经历。祠堂里的主要塑像是玉皇大帝。在元始天尊创始万物以后，玉皇大帝就接过了道教万神殿的领导权。他的右边是老子的塑像，它是用黏土做的，头上顶着一块红围巾，散发出一种古怪的韵味，与我以前所见到过的所有这位圣人的塑像都不相同。当向导在玉皇大帝面前点燃香烛的时候，我给老子拍了照。

“文革”前，仰天池周边地区曾经有一座道观，里面居住着数量庞大的出家人。这座荒凉的小祠堂,就是那座道观所遗留下来的一切。

农夫锁上门以后，邀请我们到他家喝碗热糖水。我们解完渴，他的妻子开始准备新鲜面条，农夫则开始削土豆。于是我回到外面，点燃了一支抽剩的香烟。农舍两侧长着高高的树，树枝上有几个喜鹊窝，喜鹊们在窝里吱吱喳喳地叫着。那个池塘占去了这个村子的大部分地盘，里面长满了干枯的灯芯草，正在风中瑟瑟作响。当我沿着池塘绕到对岸去的时候，惊起了两只青蛙，跳进水里去了。村里的孩子们告诉我，他们正在池塘里捉五色鱼。我想，不知道这五色鱼是不是一种鲑鱼，可是我所看到的，只有灯芯草。

从池塘上方向南望去，那个鞍形的山脊陡然直落而下，露出了楼观台后大约三十公里范围内的大大小小的山峰。在西南大约二十公里处，我望见了两千六百米高的四方台峰。我用望远镜浏览了那一带，不过它太远了，看不到任何炊烟和茅屋的痕迹。紧挨四方台西面的是东老君岭。东老君岭再向西三十公里，山岚中的一个地方，是太白山上的那块巨大的白石头。太白山高三千八百米，是终南山的最高峰。

香烟不长，我们的向导也已急着要回家了。我们用面条和土豆填饱了肚子，谢过了农夫和他妻子的盛情款待，动身回楼观台。下山的半路上，我们惊起了两只鹌鹑；沿途我们不时地停下来，去捡一些从地里长出来的白色的小星星。到处都是桃树，桃花盛开。回到旅馆里，我们用一桶冷水冲掉了路上出的汗。

晚上就寝前，我向当地文化事务局的官员打听过去住在这里的道教徒的情况。他说，已经有人编纂了一部详细的历史，不过还有一些编辑工作要做。大概在未来的两年内，可望问世。

当我问及楼观台现在的常住的情况时，一位老道士建议我们去与住持谈谈。这位老道士的嘴里只剩下一颗孤零零的、长长的牙齿，

楼观台附近的老子像

长到令人难以置信。他把附近的一个建筑群指给我们看。那是一座昔日的军营，门上还有红五星。老道士说，为了防止破坏，这个地方已经铺了石板，在未来五年内的某个时候，一座崭新的大道观将会取代这座军营。

我们在斋堂里找到了住持的侍者，他把我们领进一间接待室。在那里，我们被介绍给住持任法融。任道长是邻近的甘肃省人，留着一副长长的黑色络腮胡子——那种中国西北地区的人所特有的络腮胡子。他也是陕西省道教协会的会长。后来我从其他道士那里了解到，他是中国最受尊敬的大师之一。

互相介绍之后，他送给我一卷他注解的老子《道德经》——正是《道德经》把我们引到楼观台来的。在深入终南山的过程中，我们拜访过任道长两次。下面是我所摘录的两次采访的部分内容。现在任道长说话要谨慎得多了，不比他早先在中国道教协会的杂志《中国道教》（1985 年秋，第 10 期，第 12 ~ 15 页）上发表文章的时候了。因此，我对他写的评论的某些部分做了解释，作为对他的回答的补充。

任道长看起来并不太老，因此当他说他六十岁了的时候，我吃了一惊。我问他出家多长时间了。

任：我离开家的时候十九岁。出家四十多年了。当我刚开始告诉父母的时候，他们不同意，但最终还是接受了我的决定。于是我便去龙门洞住下了——龙门洞在这里的西北方。我在那里待了三年。那是不容易的。但是如果你住在道观里，而不愿意先受几年苦，那

楼观台的道士们

么没有人肯教你。

问："文革"期间你在这里吗?

任：在。最近的三十年我一直在这里。

问：那时候发生了什么事?

任：红卫兵来了，摧毁了道观，砸碎了塑像，烧毁了我们的书。他们还打出家人。他们使我们烦恼了十年。(根据任道长在《中国道教》上的报道，"文革"十年期间，陕西省几乎所有的道观都蒙受了极大的损失。从1982年起，陕西省的七十二座道观中的十座开始部分地修复。在这十座道观中，只有楼观台、华山和西安的八仙宫从政府那里得到了经济援助。以楼观台为例，这笔钱的数目是十三万元人民币，或者说两万五千美元；八仙宫是十五万元人民币；华山的数目没有报道。)

问：情况是从什么时候开始改善的?

任：1979年，十一届三中全会以后。从那时起，情况开始慢慢地好转。(在任道长的报道中，他说，在新宗教政策宣布后的十年间，"左"倾思潮继续阻碍着宗教的发展，尤其表现在接管宗教场所的问题上。他说，陕西省的问题在楼观台、重阳宫、华山和陕西北部的白云山表现得尤为突出。任强调说，将宗教场所置于宗教修行者的管理之下，符合每一个人的利益，不这样做，宗教团体就不可能达到政府所提出的自给自足的目标。)

问：道观给住在这里的道士和道姑们发钱吗，以帮助他们支付个人开销？

任：给。现在每个人每月能得到大约二十元人民币（四美元），这笔钱从我们卖门票、香和手工艺品的收入中支出。楼观台的道士们则一直把修行和劳动结合在一起。我们也种菜，比如芜菁、卷心菜和土豆。我们一年四季都穿同一套衣服。我们不需要多少钱。我们更愿意用自己所赚得的一点点钱去修复道观或买书。

问：道观是怎么组织的？

任：它的组织形式与佛教寺庙很相近。佛教有寺庙，道教则有道观，而且寺庙和道观里不同功能区的名称都一样，管理机构也一样。每一种宗教都有一个组织。我们也有一个。我们有规章制度。但是修行要取决于个人。(1987 年，现在的中国道教协会草拟了“道观管理规则”，允许每座道观根据当地的具体情形来进行组织，以及通过任何不与公众利益发生冲突的方式来养活自己。据说责任和收入都是根据民主的原则来分配的。目前道协所提出的口号是“让每一座道观自己养活自己”和“把道观建成一个家”。在任道长的报道中，他指出，1949 年以后，政府禁止发展新的出家人。1978 年，在十一届三中全会上，这个政策被推翻了，同年，重新建立了道教协会。从那时起，全真派的二十三个主要中心和另外两百座小道观都加入了道协。后来任道长告诉我，目前中国道士和道姑的数目大约有一万人。可是，北京白云观里的中国道协官员却告诉我说，这个数目是将近三千人；中国道观的数量大约有五百座，可是其中大部分道观都太小了，没有资格加入道协。）

问：在近几十年里，道教发生了哪些变化？

任：很多个世纪以前，中国道教分裂成全真派和正一派。全真派是北方的主要宗派，正一派在南方更为盛行。正一派是一个在家宗派，其中心是如四川、上海和江西龙虎山这样的地方，也被称为天师道。成员们可以结婚，可以吃肉，也可以喝酒。他们住在家里。全真派则完全与俗世隔离开来。它的成员住在道观里。我们属于全真派。像我刚才所说的，全真派在北方占主导地位，但是现在正一派更为流行。这是最大的变化。

问：哪一派控制着道协？

任：哪一派也没有。协会里两派的人都有。同时既有在家信徒，也有道士、道姑。它不拒绝哪一派，也不着重强调哪一派，也不干预任何一派。协会不干预任何形式的信仰或修行。（通过对中国道协出版物的匆匆一瞥，我们可以清楚地看到，道协的高级官员和会长们大部分是全真派的出家人。）

问：如果一个人想跟某位特定的道教师父学习，师父和弟子本

任法融道长

人就能决定这件事，还是必须要得到协会的许可？

任：人们可以做他们想做的事。协会不能干预。（根据我们与之攀谈的其他道士的说法，地方道协决定弟子们可以在哪里学习，以及道士和道姑们可以住在哪些道观里。）

问：现在的年轻人对出家还感兴趣吗？

任：感兴趣。目前住在这里的五十位道士中，有二十多位是三十岁以下的。（在任道长的报道中，他提到，尽管省内各道观年轻的出家人非常缺乏，可是政府仍然不让想出家的年轻人在道观里待得太久，除非他们先迁好户口，而迁户的过程总是很困难，而且常常是不可能的。他指出，这种官僚主义的束缚，使道观很难吸引到年轻的道教徒。）

问：你给人上过课吗？

任：是的，有时候。但是现在没有太多人对道教感兴趣。（任道长的报道中称，在过去的两年里，定期在楼观台举办的道教班只吸引了三四十人，而一个为期三周的气功班——或曰“道教瑜伽”班，则吸引了三百多人，其中二百人还是从外省来的。）

问：你在向现在的人弘道的时候，有什么问题吗？

任：我们所遇到的最大问题是，难以找到真正相信道教的人。道教教导我们要清心寡欲，过一种宁静的生活。愿意清心寡欲或者习静的人，在现在这个年头，真是太少了。这是一个物欲横流的时代。还有，现在人们学道要慢得多了。他们的心不再单纯。他们太复杂了。

问：据我所知，道教很多高深的教导都是秘密的，而且只传给有限的几个弟子。这是真的吗？

任：是的，在某种程度上是这样的。一个道教师父收了一个徒弟，在他把自己所知道的一切事情都传授给徒弟以前，可能会考验他几十年。而很少有徒弟有那种毅力。

问：中国现在有宗教自由吗？

任：有。我们想怎么修行，就可以怎么修行。我们可以在山里修行，也可以在城市里修行。在道观里，在家里，都可以。

问：有没有道教徒自己在这些大山里修行？

任：有。还是有一些人的，只是不如以前那么多了。他们的很多茅篷都在“文革”期间被毁掉了。几年前，住在这附近的一位隐士，在九十六岁的时候，证得了长生不死。两年前，另一位隐士在一百四十岁的时候，羽化登仙了。我还知道有几个人住在太白山的山脚下，但是我几乎从来没看见过他们。

问：你曾经隐居过吗？

任：是的。但是不到三年。这是一种很好的体验。所有的道教徒迟早都要独自生活一段时间，好集中精力修行。为了修行你不得不找一块与世隔绝的地方，至少开始是这样的。但是重要的是要学会静心。一旦你能够做到这一点了，那么你就可以住在任何地方，甚至住在一个喧嚣的城市里。

问：我注意到很多诸如楼观台这样的宗教中心已经开始吸引旅游者了。这会影响你们的修行吗?

任：是的。这里不再那么安静了。修行要困难得多了。但是事情就是这个样子。我们不得不利用我们能够找到的一切支持手段来修复道观，培养新的出家人。

问：道教修行的目标是什么?

任：人的本性与天的本性是一致的。天生万物，而万物都朝不同的方向运化。但是迟早它们会回归于同一个地方。这个宇宙的目标，它的最高目标，就是“无”。“无”的意思就是回归。“无”是道之体。不仅人，动植物和一切生物都是这个“无”之体的一部分，都是由这个“无”之体所构成的。一切事物与“无”都是一体的。宇宙间再没有第二个东西。实证这一点，不仅是道教的目标，也是佛教的目标。世界上的一切都在变化。道教徒和佛教徒寻求的是不变的东西。这就是他们不追名逐利的原因。他们寻求的只是“道”，就是我们生于斯、回归于斯的那个“无”。我们的目标就是要与这个自然的过程融为一体。

问：一个人怎样才能达到这个目标呢？

任：这个事情是分阶段的。成功有多种层次，达到目标是很难的。但是一旦你把这个作为自己的目标，那么你就要不停地走，一步一步地，一个台阶一个台阶地。每个人的能力是不同的，但目标是一致的。这个目标就是成仙，回归道之体。只要你修行，最终一定会成功。在佛教里，觉悟是主要目标；在道教里，觉悟是次要的。觉悟后你还要继续修行，直到你逐渐地、非常自然地与道融为一体。如果你此生没有成功，那么你下一辈子还有机会。但是不修行的人就没有机会，他们的生命就此终结了。道教修行就是要修成一个长生不死之身，临终时它会从肉体中分离出来。你可以参观一下老子墓。他成仙的时候，把自己的骨骸留在了那里。我们的目标与他的目标是一样的，就是要与道融为一体。

问：一定要出家吗？

任：重要的是要过一种合乎正道的生活。要做到这一点，不一定非要出家。如果你不持戒，出家没有任何好处。持戒很重要。但是任何人，只要他过着一种合乎正道的生活，都能够做到这一点。这是修行的基础。戒律就是你自己对自己的要求。戒律使修行成为可能。如果你对自己不作要求，修行就会一无所获。

问：现在修行的方式有变化吗？

任：没有，现在的修行方式与老子时候的一样。人没有变，道也没有变。我们的生活方式，我们的修定方式，我们的养生方式，仍然是一样的。

问：老子在道教中的地位究竟是怎么样的呢？很多人把他当成一位哲学家，而不是一个宗教的创始人。

任：那是现代的观点。但老子与宗教是不可分的。中国人一直信道，这种信仰促使他们发展出了各种各样的宗教修行方式。你认为老子会口中谈道而不信道或修道吗？他知道，宇宙中的一切都来自于道，离开道是不可能的。那时候还没有一个有组织的宗教，但是道是一样的。

第五章　鹤之声

如道教徒所宣称的，道教的历史形态可能起源于终南山西端的楼观台。可是它的史前形式，却远在很早以前，就已在终南山东端的华山上兴盛了。对于道教徒来说，华山的意义甚至要超出史前时期，一直回溯到万物创始的时候。

太初时，混沌分化成阴和阳。阴阳再次分化，成为老阴、老阳和少阴、少阳。这四种力量交互作用，产生了各种各样的生命。其中第一个生命就是盘古。盘古一生下来，就拾起一把锤子和一只凿子，用他毕生的精力去开天辟地——也就是如今我们大家居住于其中的这个空间。他不是花了七天，而是花了一万八千年。当他终于倒在地上死去的时候，他的躯体化作了五岳：他的头化作东岳，他的胳膊化作北岳和南岳，他的腹部化作中岳，他的脚化作了西岳。

经过几千年的风化之后，盘古的脚逐渐变得像一朵石头叶子上开出的花，因此早期的中国人把西岳称为“华山”——花山。它开在中国最早的部落文明的中心地带，直到现在，中国人仍然喜欢称自己为“华人”。这一称呼表明了这座山对于他们的祖先曾经有过多么重大的意义。

华山有一股特殊的力量，从而赢得了人们的尊重。它的外形在群山中是独一无二的。要攀登它需要巨大的勇气和巨大的欲望——不是肉体的欲望，而是精神的欲望。因为华山是中国最早的精神中心之一，

华山风光

是萨满们来寻梦的地方。黄帝就是这样一位萨满，他爬过几次华山，去与神人们交谈。公元前 2600 年左右，黄帝乘龙回归仙班，他在尘世间作为中国北方部落联盟首领的权力，传到了白帝的手中。

尽管白帝把他的宫廷远远地建到了黄河冲积平原的东部，但是他的后裔中的一支，还是迁移到了华山附近，而且开始定期祭祀过去在这里的、他们受人尊敬的祖先。在随后的几个世纪中，圣人皇帝尧、舜、禹都曾经游览过华山。《庄子》中记载了公元前 2400 年左右尧的一次行幸。在这次行幸中，祭祀中心的管理人员（封人）讽劝这位圣人皇帝，不要因为自己为他祈祷多子、多寿、多财而担忧：

始也，我以汝为圣人邪，今然君子也。天生万民，必授之职。多男子而授之职，则何惧之有？富而使人分之，则何事之有？夫圣人，鹑居而鷇食，鸟行而无彰，天下有道，则与物皆昌；天下无道，则修德就闲。千岁厌世，去而上仙，乘彼白云，至于帝乡，三患莫至，身常无殃，则何辱之有？

——《庄子·天地》第十二

这位管理者——这位华山道人，讽谏尧的地方，叫作“华峰”，就在今日的华阴县城东面的大约三公里处。不幸的是，这座过去的祭祀中心的最后一批文物，毁于 1958 年“大跃进”运动。从那时起，这里又发掘出了新石器时代的遗址，现在这个地方就以新石器时代的遗址而闻名了。另外还有两座祠堂，也销声匿迹了。一座建于周朝初期，在华阴的南面，现在已经变成了华山高中；另外一座则建于汉代早期，本在附近的黄甫谷的入口处，已在几个世纪以前被洪水冲走了。

第四座祠堂，也是最后一座祠堂，建于公元160年左右，就在华阴的东面。它以西岳庙而知名。别人告诉我，它是中国建筑工艺的一座气势宏伟的纪念碑。正如我们所想象的那样，它的主厅里供奉着白帝。四千五百年前的某个时候，白帝的后人成为华山的守护者。除了很多建筑物之外，院子里还有一片香柏林。据说早在最初的西岳庙修建之前，它们就已经种在这里了。整座庙被一道围墙围住了，不允许外国人入内。过去的几十年中，它一直被当成军营来使用，这大概就是它躲过红卫兵这一劫的原因吧。

此时正是8月中旬，雨季的中间。在西安等天放晴等了一个星期之后，我们决定抓住这个机会。经过四小时，走了一百二十公里之后，我们看见一条泥泞的山路，向华山延伸而去。在这里，我们能够看见蓝天。

我们把衣服扔在一个廉价旅馆里，动身去探险。经过两排旅游工艺品店的“夹击轰炸”之后，我们进入了玉泉院的主门。玉泉院是一座道观，建于11世纪中期，是为了纪念陈抟而修建的。10世纪的时候，陈抟曾经在这里隐居。他的无极图曾经激发了早期理学家们的灵感，除此而外，他还修习道教禅定，能够连续数月保持一种类似于睡眠的入定状态，并因此而名重一时。道观西面的一座小山洞里，至今还供奉着一尊陈抟卧像。我们只捐了一点点钱，看管大殿的老太太就让我们进去了。我们伸手抚摸着陈抟的石头塑像——自从公元 1103 年被雕成以后，不知道有多少只手曾经触摸过它，以至于现在它看起来、摸起来都像一块抛过光的黑玉。

附近有一座亭子，是陈抟建在一块石头顶上的。在这块石头前面，陈抟曾经扦插了四棵佛陀出生于其下的那种树的枝条——根据一个道教故事所说，老子回归帝乡以后，又转生为释迦牟尼——现在只剩一棵还孤独地活着。很显然，当年红卫兵们以为他们已经彻底清除了这四棵树，可是眼下它们多瘤的残干上，又冒出了新芽。

就在主殿入口处的外面，一块雕刻着华山图景的石碑吸引了我们的注意。它的中间断开了，但是我们竭尽全力仔细地去研究它，就仿佛我们能够越过保护栏、看透它表面上的浮尘似的。如果这座山真的如图中所绘，那么史蒂芬和我都要减肥了。

在院基的东面，我们又一次在一块石碑前停下来，这块石碑紧挨着另一块石头。这儿是诸多的华佗墓之一。华佗是中国最伟大的医学天才，卒于公元 208 年，享年约九十七岁。华佗曾经在华山的一个岩洞里生活了很多年。而且他还在这里采集药草——直到今天，华山还因为这些药草而著名：山姜的特殊变种、人参、细辛和菖蒲，等等。采用针灸技术和利用以大麻为基础的麻醉剂来进行外科手术，是华佗诸多成就中的两项。此外，人们还把五禽戏的创建归于他的名下，后来五禽戏奠定了中国武术的基本风格。尽管华佗一再谢绝官职，他还是被迫去给曹操治疗慢性头疼病（曹操在汉代末年篡位）。当他拒绝继续治疗的时候，曹操命人杀死了他，以防华佗向自己的

雕刻着华山图景的石碑

众多敌人泄露他的健康状况。

过了华佗墓，在玉泉院的东墙外，有两座小道观。第一座是十二洞观，大部分云游的道士都在那里挂单。我们经过它锈迹斑斑的大铁门，又走了一百米，进入了仙姑观砖木结构的大门里。西安的一位中国朋友曾经告诉我们，这是谢道长居住的地方。我们找到他的时候，他正在床上支着身体，用一盏热灯烤膝盖，治疗关节炎。他曾经以武功而闻名于世，现在却连走路都有点儿困难了。他的房间里有两张并在一起的木板床，床上吊着一顶蚊帐（其他道士的房间也都是如此布置，他们在床上打坐、学习和睡觉）。屋里还有两只箱子，装着书和衣服，以及一张桌子、两把折叠椅和一台新彩电（省政府因为他在保护文化方面的贡献而赠送给他的），墙上还有一幅字，上面写着“忍”字。互相介绍之后，我递给谢道长一支烟，自己也点燃了一支。我们抽烟的时候，他给我讲了他这一生的故事。

谢道长的父母原籍山东，在清朝歉收的年份里，为了找活路而南迁了。他出生于安徽省，在他还只有十几岁的时候，就出家了。经过标准的三年学徒期之后，他来到华山修行。我们会面的时候，他刚好满八十岁，已经在华山生活六十年了。除了膝盖有点儿关节炎之外，他的身子骨异常硬朗，心清澈得就像久雨后的天空。我向他请教道教方面的问题。

谢：老子说，要修静和不偏不倚。要自然。自然的意思是不强求。当你自然地行事的时候，你就会得到你需要的东西。但是为了了解什么是自然的，你必须修静。作为一个道教中心，很久以来，华山如此出名，就是因为它安静。过去这里有很多隐士，但是现在这座山已经发展了旅游业。宁静不再，隐士也不在了。

问：他们到哪儿去了？

谢：这很难说。隐士们想一个人待着，所以不容易找到他们。他们更喜欢离群索居。他们中一部分人回到了城市。另外一些人搬进了终南山的更深处，那儿还很安静。但是即使你找到他们，他们也可能不愿意跟你说话。他们不喜欢被打扰，而是更愿意坐禅。他们对谈话不感兴趣，可能对你说几句话，然后就把门关上，再也不出来了。

问：但是他们要吃饭呀。他们迟早还是会出来的，不是吗？

谢：那可不一定。有时候他们一天吃一顿，有时候三天吃一顿，有时候一个星期吃一顿。只要他们能够滋养内在的能量，就会活得很好，而不需要食物。他们也许会入定一天、两天、一个星期，甚至几个星期。他们再次出来之前，你可能不得不等上很长时间。

问：他们对教导别人不感兴趣吗？

谢：感兴趣。但是在你能教导别人之前，你必须先自己修行。在你教什么东西以前，你必须先了解它。你不能只靠在书本上看到的话来解释内在的修行。首先你必须搞明白它们是什么意思。

问：如果人们不能跟隐士学道，那么他们可以跟道观里的道士学吗？

谢：你不可能只逛逛道观就能学到东西。你至少要在道观里住上三年，而且要做日常杂务。如果你能够忍受这份艰苦，那么三年后，你就可以请一位道士做你的师父。这是不容易的。你必须头脑清醒、心地纯净。就像我刚才说过的，至少要有三年的体能训练，你的心才会变得足够宁静，才能够理解道。

问：你住在山上的时候，肯定需要山下的一些东西。你是怎么得到它们的呢？

谢：什么东西都靠我们自己背。我岁数小一点儿的时候，经常上下山。现在，游客们有时候会给道士钱，道士就付钱给别人，让他们把东西背上来，这样他们就可以专心修行了。

问：住在这儿的道教徒的数目有很大变化吗？

谢：我刚来这儿的时候，山上有四五十位老师父，有两百多道士和道姑，小道士们多得数不清。现在，只有一部分人还待在这儿。

问：他们都怎么啦？

谢：有些人死了。很多人走了。还有很多人还俗了。

谢道长与作者在仙姑观的台阶上

问：道观怎么样呢?

谢：道观里挤满了游客。什么都变了。现在旅游局管着道观了。

我问谢道长，我能不能跟仙姑观九十岁的老当家行道长谈谈。谢道长突然变得严肃起来，说这不方便。很显然，行道长有问题——但不是健康问题。出去的路上，我们看见了行道长，他正在指点一个千里迢迢从浙江赶来的年轻人，这位年轻人要给道观雕龙和鹤。史蒂芬和我鞠躬为礼，然后离开了。

后来，谢道长与我们在我们的旅馆房间里共进了一顿俭朴的晚餐。他说，对于道教徒来说，道教自身的发展形势不是变得越来越好，而是越来越糟。全中国能够称得上大师的道士和道姑，不超过一百五十人。

两千年前，汉代的历史学家们说，在汉明帝统治期间，全国的人口是五千万左右，而登记在册的道教大师有一千三百人。换句话来说，当时全国的人口是现在的二十分之一，而道教大师的数目却是现在的十倍。这确实是一个令人悲哀的现状，可是很多中国人现在还把道教称为他们的国教。

回道观的路上，谢道长把当地可以洗热水澡的地方的大门指给我们看。那是一个退伍军人之家，里面住着几百个在中越边境冲突中受伤的士兵。在门口，我们互相道别，谢道长拄着拐杖，蹒跚着，慢慢地走回仙姑观。

后来，当史蒂芬和我在明亮的月光下走回旅馆的时候，我想，不知道谢道长是不是过去的五千年中来到华山的那一长串道士名单上的最后一位。这串名单中有茅濛，他是两千多年前来到华山的。他修炼到长生不死之后，大白天骑在龙背上，消失在云间。他的后人迁移到了东部的沿海省份江苏省，在那里的茅山上，他们建起了中国最著名的道教中心之一。花和风是老朋友了。如果华山的种子能够到达中国东部，那么它们也有可能飘过大洋。

第二天早晨，史蒂芬和我一个多星期以来头一次在阳光中醒来。我们往回走，穿过玉泉院的院子，开始徒步沿着通向顶峰的山谷往上爬。即使在连续下了一个星期的雨之后，河水还是清澈得像荡起了涟漪的玻璃，没有淤泥的痕迹，只有花岗岩质地的卵石和沙子。萨满们的山水指南书——古老的《山海经》中说，华山附近的一座山中，有一种岩石，用它煮汤洗澡，能够治疗皮肤病。这条河里的沙子看起来是如此洁白，用它似乎能够把幻世的红尘洗涤尽净似的。

时值盛夏，早晨的太阳就已经热辣辣的了。当我们开始这次登山行动的时候——后来我们才知道所花时间长达八个小时——我们很高兴能够走在山谷的树荫里。几公里以后，在娑罗坪这个地方，山谷变得开阔起来——娑罗坪是因为过去种在这里的两棵巨大的“娑罗树”而得名的。释迦牟尼（一些道教徒宣称他是老子的转世）就是在这样的两棵树之间进入涅槃的。那两棵树过去在山谷西壁上的一个祠堂前面。附近一个旅馆的管理人员告诉我们，“文革”期间，它们被砍掉了。但是地方志却说，它们是在1884年的一次洪水中被冲走的。

过了河，在一个叫小上方的地方，山谷的东壁上被人凿了很多山洞。现在洞口长满了杂草，肯定是多年以前就已经荒弃了。再往上走较远一些的地方，是中上方。唐朝的时候，玄宗的妹妹曾经住在其中的一个岩洞里。再往高处去，云雾中有个地方，是大上方的岩洞群。根据佛教旅行日记作家高鹤年的记载，1904 年，当他游览华山的时候，大、中、小三个上方都住着道教隐士。

我们继续沿着山谷往上走，在毛女峰的山脚下，再次停了下来。毛女峰是因为一个修道的少女而得名的。这位少女本名玉姜，曾经住在毛女峰附近的一个山洞里。公元前 210 年，秦始皇驾崩的时候，他的很多妃嫔被挑选出来，陪伴他长眠于地下。一些妃嫔被挑选出来供弹琴之职，玉姜即是其中之一。但是在她被带到骊山附近秦始皇陵的前一夜，一位老太监帮助她逃到了华山。

后来，她遇到了一位道长。这位道长教她怎样靠吃松针、饮泉水而过活，怎样观想与人的生命有关的北斗七星，以及怎样走萨满的禹步。经过这样的修习，她的身体逐渐长满了绿色的长毛，于是人们开始叫她毛女。从那时起，猎人们会不时地报告说，听见了她的琴声，或者是看见一道绿色的身影在她过去居住的山峰附近闪电般地掠过。我四下里环顾。除了我自己站在一块石头上，只有一只蓝尾巴的蜥蜴正在享受着清晨的阳光。

过了毛女洞几百米，华山山谷到了尽头。我们来到了青柯坪，也就是东道院的所在地。这座小道院是一座古代道观的现代版本，里面供奉着九天玄女。根据道教传说，她曾经教黄帝怎样在战争中

古代隐士洞穴，位于娑罗坪小上方处，在通往华山顶峰的路上

克敌制胜。结果，黄帝在华山西北一百公里处的涿鹿之战中，打败了蚩尤，成为中华文明的创始人。

青柯坪也是华山山谷入口处和顶峰之间的中点。从青柯坪到山底和山顶，都是五千五百米。但是剩下的一半是最难走的。山路看起来似乎都垂直了，而且在有一些地方，山坡的倾斜度真的达到了九十度。据传闻，公元前3世纪，秦昭襄王为了把一棵古松从华山顶上运下来，做一只巨大的棋盘，他让工匠们安装了一系列的铁链和梯子，这才使得凡夫得以进入华山。不过此前萨满和道教徒们爬华山已经爬了几百年了——如果不是几千年的话。

青柯坪的景象说明，当《山海经》的作者把华山描述成“削成而四方，其高五千仞”的时候，他没有夸张。经过回心石，我们开始向高处攀登，并且很疑惑怎么能有人不靠铁链而爬到山顶上去。我走在前头，再也没有看见史蒂芬。直到两个小时以后，当我回头向下望苍龙岭的龙背的时候，才看到他。

唐朝时，当儒家学者兼诗人韩愈游览华山的时候，他爬苍龙岭才爬了一半，就因为恐惧而瘫软在地。像所有的学者一样，他不论走到哪里，从不忘随身带文房四宝。在绝望中，他写了一封诀别信，把它从悬崖边上扔下去了。最后营救的人来了，把他背下了山。从那时起，苍龙岭上的路就被拓宽了，并且出于安全考虑，在两边安装了铁链。尽管如此，当我要向下喊史蒂芬的时候，我还是突然噤了声，被这个念头吓住了——我的声音会落进深渊里，把我与它一同带走。

通过望远镜，我看见史蒂芬把几个登山者吓住了。他爬过铁链，以得到一个更佳的角度，去拍摄华山北峰——此时北峰的岩顶正兀立在旋转的岚气中。我身边站着三位广东来的商业艺术家，他们和我一样，正注视着这同一幕场景。他们中的两位使用的是油画颜料，另一位用的是粉蜡笔。中国墨汁再也看不到了。

几分钟后，我到了一个拱门处，即金锁关。它是过去登顶峰的入口，也是山路开始分岔的地方。谢道长曾经建议我们在东峰上的小旅舍中过夜。因此我选择了左边的岔路。几分钟后，我歇下来，与一位脚夫分享一个小西瓜。他靠往山上背东西谋生。他说，背的东西一般从四十公斤到五十公斤不等，每次酬金是十块钱人民币，也就是两美元。我试着去掂了掂他的背包，感觉似乎有一吨重。

这儿也是橡树和松树林带开始的地方。我舒展着四肢，躺在树荫底下，看着天上的云，不知道从什么地方飘来，然后又消失在无何有之乡。听着松涛声，我想起了俞伯牙和钟子期。不管什么时候伯牙弹琴，子期总能知道伯牙心里在想什么：时而高山，时而流水。子期死后，伯牙摔了琴，而且从此以后再也没有弹过。我想，风现在想的，是高山吧。

最后，我终于站了起来，去爬中峰剩下的路。像北峰一样，与其说它是一座山峰，还不如说它是一个山岬。其实华山只有三座真正的山峰，但是出于命理学的原因，中峰和北峰也常常被包括在里面。道教徒们喜欢运用五行的概念：金、木、水、火、土；白、青、黑、红、黄；西、东、北、南、中。

因为秦穆公的女儿之故，中峰也被称作玉女峰。两千六百年前，秦穆公的女儿（弄玉）和她的丈夫一起来到华山。她的丈夫叫萧史，擅长吹箫。在华山上住了几十年以后，她和丈夫喝下了一种玉液调制的长生不老药，飞回仙乡去了。为了纪念他的女儿，秦穆公在这儿盖了一座庙。它被重修过很多次，最近的一次是在1983年。

从中峰开始，通向东峰的主路沿着一段很长的台阶逐级而下，然后沿着山顶内部的东部边缘，再次向上，直到东峰。但是还有一条近路，而我需要一条近路。我举步折回，走上一条去引凤亭的岔路。当年，穆公的女儿经常在这里吹笛子，她的夫君则吹箫，风把他们的音乐一直吹送到平原上她父王的宫中。

从引凤亭向南望去，我能够看见东峰上巨人留下的手印——是他把华山和首阳山推向两边，从而使黄河能够掉头向东流入大海。我用望远镜浏览着下面的山谷，发现了一座掩映在竹林中的小茅屋。我决定以后打听一下它的情况。

我拖着疲惫的身体，去爬最后一段铁链，到了一个寺庙的后门——现在它是一个旅馆了，就在东峰的下面。登记的时候，我向管理人员打听我刚刚在下面遥远的黄甫谷里看到的小茅屋的情况。他说那是一个农夫的。我很失望，但是同时又很高兴——再也不用去爬另外一个山谷了，哪怕只是一小会儿。我坐在前门的外面，喝了一瓶啤酒——它们是与其他的生活必需品一起，通过当地脚夫的肩膀上来的。喝第二瓶啤酒的时候，史蒂芬到了。我们一起喝了第三瓶。

通向贺老洞的铁链和铁梯

我们坐的那个地方，正是航空杂志上的那幅照片的拍摄处。我大为惊愕：原来那个景色是真的，而且我们的的确确已经坐在这儿了。我们的直下方，就是那座与照片上一模一样的不可思议的亭子，坐落在那一模一样的不可思议的山岬上。这座亭子里的坐凳和棋盘桌，都是最近才重修起来的，是用白色的花岗岩雕成的。要到那里，你必须沿着一段铁链爬下去。在铁链的某一点上，你得被迫水平地悬在空中，背对着下面几百米处的岩石。两千多年以前，在武帝统治期间，有人看见一位名叫卫叔卿的道士，正在这个山岬上和几位神仙下棋。一千年后，10 世纪的时候，陈抟曾经在这里和宋太祖下过棋。据说陈抟赢了，于是宋太祖把整座华山都封给了他。

史蒂芬和我注视着正在沉落的夕阳，它照亮了这座亭子。月亮飘过天宇。我们撂下一副空行囊担子，留给脚夫们第二天背下山，然后回屋休息去了。

东峰也叫朝阳峰。黎明前，一百名游客在外面打着寒战，我们加入了他们的队伍。他们中的大部分人是夜间打着手电爬上山的。他们是一个为期两天的旅游团：早晨离开西安，参观骊山的秦始皇兵马俑，晚上爬华山，第二天傍晚回西安。

太阳升起来了，一百架照相机同时咔嗒起来。它是从一座山后升起来的——《山海经》中说，那里生活着一种黑雉，用它能够治疗疮疖。这部萨满的山水指南还宣称："（华山上）鸟兽莫居。有蛇焉，名曰肥𧔥，六足四翼，见则天下大旱。"可是我们没有看见它。但是我们确实看见了一只老鼠在一点一点地撕咬一片树叶，乱哄哄

东峰的棋亭

的蜜蜂们在访问蓟草，橙黄色的向阳花，比太阳还黄的百合，还有鹰的一家，在山峰上空开始了新的一天。

吃过早餐面条后，史蒂芬和我开始了爬华山花状顶峰其他花瓣的旅程。去南峰的路上，在南天门，我们穿过一座小庙的大门。出来后，就置身于这座山峰的南面了。在这里，黄甫谷和仙峪谷环绕着华山的山基，垂直落差足有一千米。穿过仙峪谷向南，是三公山和三凤山。沿着悬崖，有一条铁链和木板合成的栈道，通到下面的贺老洞。它是 13 世纪的道士贺元希在华山正面陡峭的山崖上雕凿的几个隐居处之一。

他是怎么发现这个地方的，是一个秘密；一个更大的秘密是，洞上方的书法是怎么写上去的。它宣告这里是全真崖，是为了纪念道教全真派而命名的。去贺老洞的六英寸宽的路，被认为是这座山最危险的地方。一位管理人员说，几乎每个月都有人掉下去，他随即又补充道，对危险的清醒认识能够使人全神贯注。我减轻了对危险的紧张感，但是史蒂芬却鼓足了勇气，缓缓地向下爬了一半，去拍几幅照片。他一从深渊中上来，我们就向南峰的主峰进发了。

南峰也叫落雁峰。顶部有一个石头池塘，能够贮存雨水，这大概就是它吸引大雁的原因吧。它也是华山的最高点，几乎有两千两百米。公元 8 世纪的时候，诗人李白站在这里感叹："此山最高，呼吸之气，想通天帝座矣。恨不携谢朓惊人诗来，搔首问青天耳。"

从南峰开始，山路蜿蜒而下，经过另一条龙脊，通向西峰。西峰也叫莲花峰，据说因为有一块岩石看起来像一片荷叶，还因为在

横渡南峰全真崖

顶峰附近的一个池塘里，曾经生长过一棵千瓣莲花。从西峰的边缘到仙峪谷，又是一个高达千米的急落差。

我们久久地凝视着这座断崖，然后掉转脚步，去翠云观。它依偎在龙背的内侧。

在主殿里，我遇见了薛泰来道长。他七十岁了，自从他二十二岁出家以来，已经在这座顶峰上住了四十五年了。像谢道长一样，薛道长也有关节炎，可是当他站起来给我倒茶的时候，行动却非常优雅。我问他，这顶峰上是否还住着其他的道士或道姑。

薛：还有一个道士，苏道长。他住在南峰上。但是两个月前，他退出了道教协会，和一位弟子一起，搬到了下面华山山谷的中间——大上方去了。这里只有我一个人了。

问：如果人们想住在这里跟您学习，可以吗?

薛：首先他们必须去玉泉院的道教协会，征得允许。道协决定往哪儿派人。我不能私自收徒弟。

问：政府供养您吗?

薛：不。我们必须靠接受布施，自己养活自己。政府有时候帮助做修葺工作。但是我们必须主动提出申请，而且要花很长时间。不过政府对宗教的限制是放松了。过去的情况真是非常糟糕的。

薛道长，华山顶上四十五年

问：您一直住在西峰这里吗?

薛：没有。1943 年，我刚来这儿的时候，住在南峰的南天门。也有好几年，我住在山洞里。这就是我现在走路困难的原因。新中国成立后,几乎华山的每一个道观我都被派住过。道协让我们上哪儿，我们就得上哪儿。

问：这儿是个修行的好地方吗?

薛：不，不再是了。不是在华山上。住在这儿的道士们不得不去照顾游客。我们不能专心致力于修行。这样谁也成不了什么事儿。想修行的人不得不搬到山的更深处。当然，政府和道协谁也不赞成这样做，不过有些人还是这样做了。苏道长和他的弟子搬去的那个地方，也就是大上方，还是非常僻静的。那儿的上面有一些岩洞。

问：楼观台怎么样?

薛：他们那儿的游客不像华山这么多，但是住在那儿的人太多了。这也没有什么好处。他们的生活太舒适了。如果你想找个地方修行，你就必须到山里去。但是如果你进山了，衣食又成了问题。要么你得亲自出山买东西，要么你得靠别人。这是个问题。但是在山里修行的人有办法解决这个问题。他们辟谷，也不穿衣服。也许披几片破布。他们练习气功，这样他们就不会觉得饿或者冷了。不过大多数人是不能住山的。这个不容易。

问：人们怎么能学到这样的修行呢?

薛：基础的东西你在哪儿都能学到。有书。要学更深的秘密，当你的修行达到一定层次的时候，你自然就会遇见一位师父。但是你不能着急。你要有终生献身于修行的准备。这就是宗教的意思。这不是一个付出金钱的问题。你必须付出生命。没有多少人愿意这样做。如果你准备好要学道，你不必去找师父，师父会找你的。道教是非常深奥的，要学的东西太多了，你不可能一蹴而就。道是不可以言传的。悟道前你必须修行。老子教我们要自然。你不能强求，包括修行。悟是自然发生的，对每个人来说都是不同的，主要是要清心寡欲。修行要花很长时间，所以你必须保持身体健康。如果你有很多念头和欲望，你就活不到实现目标的时候。

我喜欢薛道长。他说话直截了当，而又优雅柔和。我可能跟他谈了好几个小时。已经是中午了，又有几位游客到了。后来，我在道教协会的杂志上读到，最近薛道长把他过去四十年来从供养中得到的所有积蓄，全部捐给了道教协会，用来修建新道观。总额是两千元人民币，大约相当于四百美元。

当史蒂芬和我动身要离开的时候，薛道长进了卧室。出来时手上拿着一袋松子，是他从长在顶峰的松树上采集的。华山松是一个特殊的品种，只在终南山较高的山峰的顶峰上才有。它们在中国、朝鲜和日本的森林种植者圈中享有盛名，而生长在华山西峰上的那些松树，又是华山松中最为著名的。它们的种子、花粉乃至松针，都是过去生活在华山的道教徒们的主食。古书中说，华山松的松香经过一千年就会变成琥珀，吃了它能够转凡成仙。薛道长说，吃了这些松子，或者种了它们，让它们长成树。我告诉他，我是松树家族的老朋友了，更愿意种它们。

我们没有继续逗留。两个小时后，我在群仙观停下来，等候史蒂芬。在谢道长得关节炎之前，他一直是这座道观的当家。1919 年，谢道长的师父建起了这座道观。现在里面是空的，只有一位年轻的道士在给一群游客张罗午饭。当我在台阶上休息的时候，这位道士走了出来，我们聊了聊。他说，年轻的道教徒正处于困境中。他们所做的一切就是照顾游客。他说，大部分师父在他们的一生中，只把核心的秘密传授给一位弟子，而且大师们都已经隐居到山的更深处去了，拒绝在这个物质时代教化人。他说，道观里的教导是肤浅的。他叹息着，回到里面去继续招呼午饭了。

史蒂芬到了以后，我们沿着山路一起往下走。途中，我们经过一块石头，它的正面刻着“鹤之声”三个字，而且被漆成了红色。鹤在道教中是变化、超越、洒脱、纯洁和长寿的象征。用它来代表华山是再完美不过的了。可是很显然，这只鹤已经飞走了。

1904 年，当佛教旅行日记作家高鹤年游览华山的时候，他很惊异，华山的道教徒们怎么能靠那么一点点儿东西过活。他也对华山的幽静和住在这里的那些人对隐居生活的献身精神做了评论。他说，别的道教名山都不是这样——他游览了所有的道教名山。在 20 世纪的另一端重访华山，我却不得不怀疑，为什么还有道教徒愿意住在这座山上。不管它的景色有多么壮观，却不能代替幽静。

下山的路上，我们又一次在娑罗坪休息。我想起薛道长说过，苏道长带着一位弟子搬到了大上方顶峰的一个山洞里。大上方是那边云中的一个地方。我的视线越过山谷，眺望着那座崖壁，不由得大声自言自语起来：不知道上苏道长的岩洞有多远。这时，一个正在卖西瓜块的人说，他认识苏道长。他还说，大上方不远，他愿意给我们当向导。

我们接受了他的好意，跟着他过了河。在河对岸，他把路开始的地方指给我们看。我们瞠目结舌，不敢相信。这条路的开头是一段铁链，顺着崖面垂下来，大约有三十米长。我们的向导拽着铁链就上去了，然后招手示意我们跟上去。史蒂芬和我沮丧地面面相觑，但是我们能找出什么体面的理由呢？所以我们只好跟了上去。下一段路就更吓人了：手脚并用，手指和脚趾死死地扒住倾斜度达七十度的崖壁，崖壁上还不停地有泉水渗出来，滑溜溜的。而且没有铁链。我们根本不敢往下看，只是不停地爬着，免得去想会掉下去。

爬了大约一百米，我们到了一个古代隐居处的废墟，然后开始爬一段更加陡峭的崖壁。半路上，我的腿因为筋疲力尽和恐惧而开始发抖，我问向导还有多远。他说，两个小时，然后指指就在白云下的那个崖顶。当他刚才告诉我们苏道长的岩洞“不远”的时候，我忘了问他到底有多远。现在我知道了，我意识到我们不可能爬上去。还有不到两个小时天就黑了，而且我们也实在没力气了。我们决定改天再去拜访苏道长，然后慢慢地下到主路上。

走在平地上是如此令人激动，史蒂芬开始蹦蹦跳跳起来。沿路上，当他超过其他下山的游客的时候，他们也开始蹦蹦跳跳起来。一会儿工夫，就有十多个中国人，跟在一个长得酷似瑞普·凡·温克尔的老外后面蹦蹦跳跳。那天晚上，我都笑岔了气。一个星期以后，我的腿才不疼了。

行文至此，本来这应该是本章的结尾了，但是几个月后，我又去了华山。那是3月下旬，什么都变了。河里几乎没有水了，山崖上除了偶尔有一棵开着花的野桃树以外，其余的地方一片枯黄。我到娑罗坪的时候，停下来跟我们过去的向导打招呼。他说，苏道长和他的弟子已经从大上方下来几天了，眼下正待在山谷入口处的朝元洞观。我笑了，为不必再去爬那座悬崖而感到高兴，然后回到了玉泉院。

在院子里，我遇见了一位道姑。她看起来异常安详，我向她打听去朝元洞的路。她领着我沿着西墙走到一个大门口，朝远处的竹林指了指。出了大门，我又走回到山谷入口处，过了河，沿着一条灌溉渠往前走。走了大约两百米，我进入一片竹林——朝元洞就是被它遮掩住了。这儿就是贺元希13世纪初来华山时住的地方，后来他在南峰上凿了一个岩洞。

这座道观包括几栋老旧的土坯建筑，屋顶盖着茅草。我拍拍门口的两只石狮，走了进去。尽管这个地方看起来快要倒塌了，里面还是挤满了道士和信众。我向一位老道士走去，他看起来像是这里的方丈。我告诉他，我正在找苏道长，并问他这儿在举行什么活动。

华山

他说，苏道长和他的弟子在玉泉院另一面的十二洞；这两天是曹道长母亲去世三周年纪念日，全省的道士和道姑都来参加为期三天的斋醮活动。曹道长是华山道教协会的会长，后来我得知，她就是那位给我往朝元洞方向指路的道姑。

我回到玉泉院，向十二洞走去。当我走过院基的时候，撞见了老薛道长。在西峰上，他一个人住着。在这里，在山脚下，他被十多个年轻弟子簇拥着。我们互致问候，他说他刚从北京回来，在那里，他参加了自1949年以来第一次接纳新道士和道姑的正式典礼。他问我种了那些松子没有。我告诉他，我已经把它们送给了台湾省、日本和美国的热爱森林的朋友们了。当我向他问起苏道长的时候，他消失在一间看起来很零乱的临时帐篷里，然后带着一个四十岁左右的高个儿道士回来了。

薛道长介绍说，这是苏道长的弟子，姓周。我给他讲了上次我曾经试图去拜访他和他师父的事。他说，如果我再等一两年，要爬那座崖壁可能就容易了。他还说，台湾的天地会曾经表示要出钱，修一条更安全的路。但是，很显然他对此并不欢迎。就在这时候，又一位道士从帐篷里走了出来。周道长说，这就是苏道长。我向他鞠了一躬，然后自我介绍。苏道长根本没有停脚，说我找错人了，又说他姓华，因为住在华山。然后他走开了，甩着长长的袖子，就好像马上要飞走一样。

第六章　登天之道

两千年前，当佛教刚刚传到中国的时候，它已经是半中国化的了。直到那时候为止，中国所有可以被称为宗教的主要思想体系和修行体系，都建立在对道的理解的基础之上。既然道无所不包，能够生发万物，那么就没有理由认为另外一种体系不能从它的子宫中衍生出来。至少在佛教最初传入中国的一百年内，它没有给中国人造成多少观念上的问题。

中国与佛法——佛教对于真理的看法——的最初遭遇，最迟发生在公元前 1 世纪。其时汉朝已经把它的影响沿着一串绿洲一直扩展到了印度西北的各个王国中。在那里，大乘佛教刚刚涌现。汉印之间最初的接触是外交上的。本来外交上的接触是永远也不可能导致佛法的传播的，除非是把它作为一种文化珍品来介绍给对方。是商业贸易把佛法带到了中国。当时，各国商队来到中国，他们用香料、珠宝和彩色玻璃来换取中国丝绸。早在公元 1 世纪，中亚的商队就已聚居在中国政治中心的城墙之外。与他们住在一起的，还有从印度来的和尚。

佛教最初传入中国的细节，我们就不得而知了。历史记载和文物只告诉我们，没过多长时间，佛就被当作另一尊神，被发展中的道教接纳了——道教当时包括了诸如黄巾起义这样一些不切实际的行动。公元 2 世纪左右，佛不仅在老子的旁边受到礼拜，还因为某些道教徒认为他就是老子本人，而变得相当普及起来。据说老子离开楼观台以后到了西方，一本公元 2 世纪出现的书，记叙了这位圣人从中国消失，然后又以佛的形象重新出现在印度的故事。在亨利·迈斯派罗《关于公元后最初几个世纪的道教的随笔》（*Essay on Taoism in the First Centuries A.D.*）一文中，他解释了道教徒为什么这么愿意相信此类故事，以及他们欢迎觉者到中国来的原因：

佛教被认为是道教的一个特殊的宗派，是各宗派中最严谨的，比黄巾还要和谐，还要有理性。再者，它能够阻止炼金术继续发展，使道教成为一种纯粹道德的、冥想的长生不老术。这一点使它与道教其他宗派区分开来，并给了它一种荣耀——本来它的信徒为数很少，又有异国色彩，是没有希望获得此种荣耀的。这个新的宗派与道教古老的神秘的大师诸如老子和庄子联系起来了，而且从某个角度来说，它比当时的道教还要更接近于老庄。（第 411 页）

但是这样的密切关系没有持续下去。中国人对于来自西域的这种“道教”不断增长的兴趣，很快就导致了公元 2 世纪末的佛经的翻译，它们显示出了佛、道两教在教纲和修行上的基本差异。道教徒寻求的是修成一个长生不死之身，而佛教徒寻求的是摆脱一切身相。涅槃看起来结果与道教长生不死的目标也不一样。禅修也有差异。道教徒把他们的呼吸减少到最低限度，并且专心致志于体内气息的循环和变化；而佛教徒则强调呼吸调柔，要舍弃对身体的执著和修炼。还有，佛教徒有一套普遍遵守的规则，或者叫戒律，他们据此来调整自己的行为；而大部分道教徒则按照道德的标准行事，或者各纵其天性。公元3世纪左右，佛教独立了，于是道教徒们要么改变了信仰，要么排斥这种现在打上了外国烙印的信仰。

在随后的几个世纪里，佛教不仅在新环境下繁盛起来，而且变得非常成熟，发展出了新的思想流派和修行宗派，它们进一步向中国人散发着感染力。像道教一样，终南山又成为这种新宗教传统出现和发展的背景。在中国出现的八大佛教宗派中，有七个宗派是在终南山里或其附近开出它们的第一片花瓣的。它们是三论宗、唯识宗、律宗、净土宗、华严宗、密宗和禅宗——据说其中最后一个宗派起源于嵩山，而嵩山是终南山东部的一条支脉。第八个主要宗派是天台宗，它起源于中国南部的衡山和东部的天台山。

在这八种观察佛法的方法（八大宗派）中，在影响力和信众数量方面，没有哪一个宗派比净土宗更重要了。净土宗不是教人们单靠自力解脱，而是教人们要相信阿弥陀佛的力量，他会把信众带到他的极乐世界里去，人们在那里比在这个五浊[①]恶世中更容易证得解脱。净土宗仰仗佛力的方法，包括持念阿弥陀佛的圣号，观想他的极乐世界，以及发愿要往生到净土去。

净土宗教纲在中国的建立，以及上述修行方法的普及，要归功于善导。将近二十年前，我到台湾的时候，第一次听说了这个名字。我在岛上的第一年，是在一座佛教寺庙里度过的。那里的出家人请

---

①五浊：劫浊，见浊，烦恼浊，众生浊，命浊。——译者注

我翻译一部佛经，或者说佛陀的讲法。尽管我对这些经典的语言很生疏，但是出于我对他们免费为我提供食宿的感激，我决定勉力一试。

出于好奇，我捡起了一部净土宗的主要经典——《观无量寿佛经》。在这部经典中，佛陀连续向韦提希王后介绍了十六种观想方法，开始是观想西方地平线上沉落的夕阳，然后是观想一大片水，水变成了一块琉璃地，琉璃地上出现了一片国土，中有宫殿园林、亭台楼阁，楼阁上装饰着彩灯和珠宝。这片国土里所有的音声，包括鸟声、树声和水声，都在演唱“苦”“空”“无常”和“无我”。这就是西方极乐世界，这就是净土，也即阿弥陀佛——无量光和无量寿佛的国土。韦提希王后最终生于净土中佛前的一朵莲花上。佛陀告诉韦提希王后，任何能够观想这片国土和阿弥陀佛的人，都是人中的白莲花，定能往生到极乐世界去。

公元631年，善导出家之后不久，就读了这部经典。他深为信服，于是从中国东部搬到了终南山，在终南山里修习了几年这些观想。尽管他很精进，但是他仍然对这种修行的基础有所怀疑。公元641年，他向北行脚到了太原附近的玄中寺，去向道绰学习。昙鸾是玄中寺较早的一位住持，而道绰则是他的法嗣。那时候，道绰已经赢得了净土宗修行大师的称誉。他说服了善导，使他相信了持念阿弥陀佛圣号的重要性；他说，这样的修行本身就足以保证善导往生到净土中去。

公元645年，道绰往生后，善导回到了终南山悟真寺。悟真寺建于大约此前五十年，包括两个建筑群，一个在悟真山谷的入口处，另一个则在山谷内大约两公里处。公元814年，当诗人官员白居易搬到这一地区为他的母亲守孝第三年的时候，他写了一首二百六十行的诗，题目叫《游悟真寺》。这首诗谈到了四周群山的雄伟和寺庙建筑的富丽堂皇。当时悟真寺里住着一千多出家人。

史蒂芬和我想看看，昔日的辉煌如今还剩下些什么。于是我们雇了一辆车和一位司机，从西安起程，向东南开了五十公里，来到蓝田。从蓝田市再向东五公里后，我们掉头向南，开到了一条肮脏破烂的路上，很快就来到了水陆庵灰色的新围墙前。水陆庵比悟真寺要早建一两个世纪，后来被当成了悟真寺的一部分。顾名思义，它曾经是一个比丘尼道场。西安外事局的人曾经告诉过我们，悟真寺不准进入；但是他们拿不定主意，水陆庵可不可以进。

我们很快就发现，这个地方是由党的干部们管理着。开始，他们坚持外国人不能入内。但是经过陪同我们的和尚的多次劝说之后，他们终于同意放我们进去快速地浏览一遍。大殿里的塑像是一个惊人的展览，包括几千件陶塑，其中大部分是13世纪早期塑成的，它们是我们在中国各地所见到的最有震撼力的艺术作品之一。但是几分钟后，管理员就开始变得紧张起来，催着我们赶快出去。

当史蒂芬收拾摄影器材的时候，我跟寺庙门口的两位老太太攀谈起来。她们正在卖灵芝。灵芝是一种真菌,生长在树和山崖的阴面。道教中大多数关于长生不死的仙方里都有它。既然灵芝意味着长生不死，而长生不死意味着隐士，于是我就问那两个老太太，这一带有没有什么修道者。其中的一位不假思索地立即回答说，在王顺山

水陆庵雕塑

方圆一天的路程之内，住着七十多位修道人。王顺山高两千三百米。过了这条山谷的终端，向东南一直绵延出十公里。尽管她们的外貌显得很苍老，可是老太太们却说，她们一周要爬好几次王顺山和附近的其他山峰，去采草药。

我正要打听一下王顺山附近的隐士和路线情况，可是管理寺庙的那个人却坚持要我们马上离开。当我们驱车离开的时候，司机让我们把自己隐蔽起来。原来在这条山谷的入口处有一座铀矿，外国人不许入内。史蒂芬拍了几幅全景照，很显然，寺庙的管理人员以为他把铀矿拍进去了。我们蹲下身去，进入蓝田以后，才重新坐上来。对此我们只好一笑了之。在古代，蓝田地区以产玉——道教徒们追求长生不死的过程中所使用的一种矿物——而著名。现在变成铀了。两种不同的矿物，都能把人送上天堂。

听了五年悟真河[1]的讲法之后，善导离开了蓝田地区，搬到了长安近郊。在那里，他弘扬净土，绘制净土经变图，度过了余生的大部分时光。

公元681年，他离开人世，到净土去了。他的弟子们在长安城南起了一座塔，以安置他的舍利。那儿很快就发展成了一座寺院，并且成为新净土宗的第一个中心。它被称为香积寺。在日本，他们的净土宗信徒号称有五千多万人，直到今天，学童们仍然还在背诵8世纪时王维写的一首诗：

---

①善导所居寺庙名为“悟真”，作者称河亦名“悟真”。——译者注

不知香积寺，
数里入云峰。
古木无人径，
深山何处钟。
泉声咽危石，
日色冷青松。
薄暮空潭曲，
安禅制毒龙。

3月里，在史蒂芬和我从善导过去的静修地被驱逐出去的六个月后，我孤身一人回到了西安，继续我的旅程。我从西安南行十七公里，穿过长安县城，经过两次警察检查，上去穿过神禾原，经过贾里村，然后向西拐到一条岔路上，来到香积寺的土墙外。香积寺的周围现在是一片农田。

在里面，我遇到了香积寺六十八岁的住持续洞。他领着我四处参观，并且谈到了香积寺近期的历史。1960年，当他初次来这儿的时候，这里只有一座大殿和三座舍利塔仍然屹立着。这三座舍利塔里面是善导和两位后期净土宗大师的舍利。那时候，寺里只剩下一个老和尚，他们两个人就一起住在紧靠大殿的一间小茅屋里。1963年左右，寺里已经有了十九位和尚。后来，20世纪60年代后期，红卫兵来了，把其中的一座舍利塔砸成了瓦砾，并且强迫和尚们参加当地的生产小组。续洞千方百计保住了大殿和剩下的两座塔。

尽管开头很艰难，但是续洞现在几乎已经完成了修复工作，至少是初步的目标。一旦占着前院的初中搬到新址去，香积寺的庙基就有将近两公顷了——或者说相当于它过去大小的五分之一左右。和尚们的新寮房也已经开始动工了。尽管政府规定，在这个寺庙登记的人数不得超过十五人，但是在我到访的时候，仍然有将近三十位和尚住在那里。

续洞带我来到善导大师三十二米高的舍利塔前。我在塔院的小殿里上了一些香。本来我想到塔顶看看风景，可是楼梯已经岌岌可危了，有一道门封在外面，不让进去。

后来续洞又带我穿过寺庙的菜园。那是 3 月下旬，和尚们正在开始种卷心菜、茄子、红辣椒和土豆。续洞说，寺庙不从外面买吃的。

路两旁种满了玫瑰。过去我一直以为玫瑰是一种西方的花，所以在中国看到它总是感到很惊讶。但是西安的一位植物学家向我保证说，玫瑰最早是两千年前在长安培育出来的，它的原型是原产于终南山的一个野生品种。像几千年前的大麻一样，它最终沿着丝绸之路，传到了印度和地中海沿岸等地。

在大殿附近，有几棵香蕉树，它们看起来似乎也种错了地方。我问续洞天气是不是太冷了，香蕉能结果吗，他说，他种这几棵香蕉树只是为了好玩。我点点头。在台湾，我也在自己的窗外种了一棵，也只是为了好玩——为了听夏雨打在蕉叶上的声音。我在寺庙两座已经修好了的大殿里上了更多的香，然后跟续洞到他房间里去喝茶。我注意到，他的一只手指的顶端没有了。我猜想，他是不是把它烧

续洞，背景是善导舍利塔

掉了，以供养阿弥陀佛。这种修行在过去是不常见的——八指头陀是清朝最著名的诗人之一，他以只有八个手指而闻名。

在续洞搬到中国最著名的净土宗道场以前，他一直是终南山最有名的禅宗道场大茅篷隐居处的住持。我向他请教禅宗和净土宗修行的差异。

续洞：在禅宗里，我们不停地问，谁在念佛。我们所想的一切就是，佛号是从哪里升起来的。我们不停地问，直到我们发现自己出生以前的本来面目。这就是禅。我们一心一意地坐着。如果心跑到别的地方去了，不管它到哪儿，我们都跟着它，直到最后心变得安静下来；直到无禅可参，无问可问；直到我们到了这种境界，不问而问，问而无问。我们不停地问，直到我们最终找到一个答案；直到妄想消尽；直到我们能够吞下这个世界，它所有的山河大地，一切的一切，但是这个世界不能吞掉我们；直到我们能够骑虎，而虎不能骑我们；直到我们发现了我们到底是谁。这就是禅。

在净土宗的修行里，我们只是念佛号，再也没有什么了。我们用心去念。我们不出声念，可是声音却完全是清晰的。当我们听到那个声音的时候，就再开始念。如此周而往复。念没有停止，心也没有动。声音升起来，我们听着这个声音，但是我们的心没有动。我们的心不动，妄想就消失了。一旦妄想没有了，就是一心在念。结果与禅是一样的。禅就意味着无分别。实际上，净土法门包括禅，禅也包括净土。如果你不是两个都修，你就会变得片面。

问：净土法门更适合于现在这个时代吗？

续洞：所有的法门都适合。法无对错。这只是根基的问题，也就是你在过去世的习性。一旦人们开始修行，他们就会认为其他的修行方法是错的。但是所有的法门都是正确的。哪一种修行方法更合适，它取决于那个个体。

一切法门都是相互联系的。它们彼此含融。它们殊途同归。比方说，净土法门包括律宗。如果你不过一种合乎正道的生活，你就不能念佛。净土法门也包括禅。如果你不能一心，你也念不好佛。它与禅是一样的。目标是一样的。法门就像糖。人们喜欢不同种类的糖。但是它只是糖。法是空的。

问：终南山到底有什么特殊之处？为什么这么多人来这儿修行？

续洞：终南山一直延伸到印度。最初的和尚们来中国的时候，他们就定居在终南山里。而且中国的绝大多数大师都曾经在终南山修行。但那是过去的事了。现在这么多出家人仍然来终南山的原因是，这里还很容易找到一个隐居的地方。还有，这一带仍然有很多在家人，愿意供养来修行的人。

问：现在这些山里住着多少隐士？

续洞：我估计，长安县里大概有五十个，蓝田和宝鸡之间的山里大概有两百个。但是现在距我住山的那会儿已经有一段时间了，所以可能更多了。住在山里的出家人不用跟任何人登记，所以没办法知道。

要想知道答案，唯一的办法是进山。我向续洞告辞。在回停车处的路上，我沿着香积寺西南向下走，一直走了大约两百米。在那里，滈河和潏河交汇成了交河。村里的男人们正在河岸上挖沙子，装到驴车里。女人们正在石头上捣衣服。雨季还没有开始，滈河和潏河都只有大约二十米宽。一些人脱下鞋子，蹚水过河。两千年前，南面的那片平原是一座皇家森林，种着栗子树和梨树。从远处，我能够望见果园。在附近的田野里，农夫们正坐在小板凳上，为刚长出来的粟苗拔草。

回到高速公路上，我们继续向南。路是柏油路，可是却没有多少车。在一个地方，我们看见一个老太太正坐在高速公路中间，悠闲地缝一条裤子。八公里后，在一个叫子午村的地方，这条路消失了。在古代，军队过终南山的时候，子午村是军队所走的那条路的入口。在子午村，我们调头向西。

十公里后，我们到了一个叫沣峪口的村庄。有一条路取代了子午路，它把西安和秦岭南面连接起来了，沣峪口就位于这条路的入口处。一次警察检查抓住了我的司机，他的车的保险到期了。车的保险费是每年八百元左右。警察检查费二十元，大约相当于四美元。我们绕过这些山，继续向西。八公里后，经过高冠谷，我们调头向北，不一会儿就来到草堂寺。这儿是我和史蒂芬 1989 年 5 月第一次来终南山时——佛诞日那天来的地方。

在院子里，住持宏林对于我的回来表示欢迎。然后打开鸠摩罗什塔的门，好让我能够再一次进去礼拜。是鸠摩罗什先把我引到这个地方来的。他的殿是一座简单的砖亭，里面除了三块几米高的雕刻着美丽图案的大理石之外，一无所有。我想象着他正坐在里面翻译另一部佛经。根据历史记载，公元413年，他火化的时候，舌头不坏。

鸠摩罗什出生于此前六十九年，即公元344年，地点是丝绸之路上的库车古国。他三十岁的时候，开始给这一带的统治者讲法。丝绸之路上的行人们把他的故事传到了长安。为了使中国的统治深入西域，公元382年，苻坚皇帝派大将吕光率领一支七万人的部队，去征服库车，并把鸠摩罗什护送回京。吕光完成了第一个使命以后，他了解到，国内已经改朝换代了。于是他没有回长安，而是滞留在甘肃走廊（河西走廊）一带。他在凉州建立了自己的王国，并把鸠摩罗什在那里拘留了十七年，直到他被姚兴皇帝打败为止。

公元401年，鸠摩罗什终于到达长安。姚兴请他住在逍遥园中。逍遥园位于皇宫北墙和渭河之间。皇帝对鸠摩罗什的才能给予了极大的尊敬，他敕封鸠摩罗什为国师，并且选拔出三千出家人供鸠摩罗什支配，以襄助他的译经事业。皇帝自己也常常参与这项工程，他拿来过去的翻译版本，给鸠摩罗什做参照。住得离都城这样近，对于鸠摩罗什而言，却是一件令人苦恼的事情。还有更令他苦恼的是，皇帝要求这位和尚把他的夜晚分给十个宫女，希望他能把他的天才传给下一代。很显然，在这场优生学的实验中，鸠摩罗什默从了。他讲法的时候，开头总要告诉听众，要只采撷莲花，而不要去碰那生长莲花的污泥。

四年后，鸠摩罗什搬到较为安静的草堂寺。在那里，他度过了余生的大部分时光。这座寺庙原本是一座宗祠，被称为大寺。随着鸠摩罗什的到来，它得到了扩建，以容纳鸠摩罗什的助手和随从，并被更名为草堂寺——这显然是一个误称，但是因为它坐落在终南山的山影里，所以听起来似乎倒也相宜。

不管鸠摩罗什是在哪儿工作的，一千六百年来，他所翻译的经文，无论是在风格上还是在语法上，都再也没有人能够超过他。他的《维摩诘经》被认为是中国文学的瑰宝之一，他的《金刚经》和《心经》大概是中国被引用的最多的佛经了。还有，他的译文比其他译者的译文更具韵味。直到今天，在东方，没有一场佛教仪式中不使用鸠摩罗什所翻译的经文。他的《阿弥陀经》是净土宗的基本经典之一；他的《妙法莲华经》促成了天台宗的形成；而他所翻译的龙树和圣提婆的著作，则成为他自己的弟子所创立的三论宗的基本经典。

住持宏林打开了安放着鸠摩罗什舍利塔的那座亭子，然后领着我穿过一片竹林，来到长安八景[①]之一的面前——那是一眼井，据说秋天会有雾气从井中升起来，然后那雾气会一直飘到西安去。不过现在离秋天还有六个月，而且我所注意到的唯一的一件事情，就是

①又名关中八景：华山仙掌，骊山晚照，灞柳风雪，曲江流饮，雁塔晨钟，咸阳古渡，草堂烟雾，太白积雪。——译者注

草堂寺住持宏林与鸠摩罗什塔

鸠摩罗什大师

宏林那羞涩的笑。宏林还带我参观了附近的一个巨大的空池塘，它有着新的石壁、石桥和亭子。他说，每年 4 月份，都会有几英尺深的水从一个地下源泉渗透到池塘里，给寺庙提供了一个种植水生蔬菜的地方。很显然，那眼井和这个池塘是相连的。

在回停车处的路上，我们在院子里停下了脚步。地上铺满了柏叶，正在阳光下晾干。宏林说，和尚们自己做香，然后把它卖给香客，以支付修复大殿的开销。住在寺里的十多个和尚，用这笔钱去买建筑材料和有限的几样他们自己不能制作的东西。他们不需要买粮食，墙里面围着两公顷的好农田。

宏林记起我对访问隐士感兴趣，于是指着圭峰——圭峰位于太平谷谷口西南几公里处，它的顶峰与众不同，呈金字塔形——说，他自己曾经在圭峰上的一座茅篷里住了几年。他七十三岁了，十八岁就出家了。他问我愿不愿意去见一位九十四岁的老和尚——那位老和尚就住在顶峰下他过去的茅篷附近。我本来想接受他的好意，但是当他补充说，那位老和尚已经丧失了讲话的力气，而且还要跟山脚下的驻军军官打交道的时候，我婉言谢绝了。

不过圭峰这个名字，倒是我所知道的。它是宗密的谥号。9 世纪的时候，宗密曾经是草堂寺的住持，而且他还是华严宗和禅宗的一个分支的创始人。当我们离开院子的时候，宏林停下来，打开了鼓楼的门，里面是宗密的墓碑。碑文是 9 世纪时的宰相裴休撰写的。裴休曾经记录了当时几位著名禅师的讲法，其中包括黄檗禅师。我对宏林的帮助表示感谢，并且告诉他，我更愿意待在山里。他害羞地笑了，于是我们道别。

在回沣峪口的路上，我在草堂寺南面不远处的一个葡萄园边停下来。借助一位农夫的帮助，我发现了自己一直在路西侧寻找的那个地方：兴福塔院的遗址。塔院里曾经有宗密的青莲塔，以及其他五十多位高僧的舍利塔。这些砖石建筑物都在“文革”期间被毁掉了。这个地方成了一片广阔的葡萄园中的一块大凹地。我已经听说地方官员们正在计划发掘舍利，并且打算把它们供奉起来，作为将来的旅游卖点。那位农夫说，这件事他也听说了。但是他仍然在精心地照管他的葡萄。

几分钟后，我回到了沣峪口村。在沣河河谷入口处的东面，我穿过一片光秃秃的树林——这片树林因为几棵野桃树而变得亮丽起来——爬到后安山的山脚下。很快我就来到一个小平台上，它已经被崭新的红墙灰瓦的丰德寺所占据了。丰德寺是几座与道宣有关系的寺庙之一。7 世纪中期的时候，道宣曾经住在这座山上。

尽管丰德寺的围墙是新的，但是它曾经有过辉煌的岁月。生活仍然在继续着。在里面，我听见脚踏缝纫机的声音，看见蝴蝶花和樱桃树都开着花儿。这座寺庙现在是一座比丘尼道场。在外面，我遇到了住持妙觉。她六十岁了，是东北黑龙江人。在过去的墓园附近——那儿现在还有三座倾颓的石塔，她正在忙着收拾蔬菜。她歇下手头的活儿，花了相当长的时间告诉我，现在这里住着三十多位尼师，但是她不知道它是从什么时候开始变成比丘尼道场的。9 世纪的时候，当宗密住在这里写他关于禅宗分支的经典文章的时候，丰德寺还是一座比丘道场。

我回到村里，进入河谷：一条弯曲清澈的河，两侧是高高的悬崖，河的东岸有一条柏油路。不到两公里之后，我在一个叫柳林坪的地方停下来。我第一次来这儿的时候，是跟史蒂芬一起来的。但是史蒂芬回美国去了，我独自一人开始沿着通向山顶的新石阶向上爬去。远远的上面，在后安山的顶峰上，我能够望见道宣的舍利塔。前年的佛诞日，正是它把我们引到这儿来的。

半路上，我在净业寺停下来。在寺庙的大门上，我看见了我第一次来这里时欢迎我的那几个字“以法护法”。寺庙的狗叫起来。一位和尚出来了，把我领了进去。他告诉我，这只狗正在将功赎罪。几个月前的一个雨夜，它睡着了，有人翻墙溜了进来。因为杜仲树的树皮有医用价值，于是入侵者就把两棵杜仲树的树皮剥去卖了。这两棵树现在死了。它们是一千三百多年前道宣亲手种在寺庙的小院子里的。

道宣是律宗的创始人，而净业寺则是律宗的中心。公元 621 年，道宣二十五岁的时候，第一次来到这儿，住在山上较远处的一座茅篷里。后来，他搬到山下的寺庙里，这座寺庙是在他到来之前五十年建的。当他弟子的数目日渐增多的时候，他把这座寺庙建成了一个指导中心和供应基地，为那些住在这座山上净业寺附近的茅篷里的修行人供应吃穿。道宣除了撰写了中国早期和尚的传记以外，他还致力于统一那些规章制度——出家人根据它们来调整自己的生活，他还把这些规章制度——或者说戒律——作为宗教指导的基础。尽

净业寺

管律宗从来没有占据过首要地位，但是它仍然有自己的信徒；而且其他宗派的出家人也都遵从律宗的这个观点，即如果不过一种合乎正道的生活，就什么也成就不了。

去年 8 月，当史蒂芬和我到净业寺参访的时候，我们遇到了宽明——一位二十八岁的和尚，他已经被委以监管寺庙修复工作的重任。在那次参访过程中，我问他，中国是否还有律宗大师。

宽明：清末有见月和弘一。现在有美国万佛城的梦参，福建莆田广化寺的圆彻，福建厦门南普陀的妙湛，还有乾县（沣峪口西北一百公里处）的通愿比丘尼。他们是我所知道的仅有的几位律宗大师。他们都一直在经济上支持净业寺的修复工程。他们都说，现在是终南山重新开始培养大师的时候了。

问：是什么促使你到这儿来的？

宽明：出家人是中国最自由的人了。我们想去哪儿就可以去哪儿。“文革”前，我们还有户口。现在只有那些长期住在寺庙里的和尚才需要登记。我们总是从一个地方走到另一个地方，到处参学。我在厦门佛学院学习以后，就来这儿修行。那是三年前。我下车的时候，身上总共只有一百二十块钱（相当于二十五美元）。我用这些钱在观音山上搭了一个茅篷。一个月后，我来这里参拜，遇见了两位老和尚。我们前世肯定有缘。我留下来了。后来，我回厦门去看梦师父，他同意承担修复净业寺的费用，把它变成一个修行道场。

道宣塔

问：这些山里住着多少出家人？

宽明：自从我到了这儿，我把周围的好多山都爬遍了。仅在长安一县，就肯定有五百多人。但是这些人有两种。大部分人来山里是来修行的。但是还有一些人——我该怎么说呢——他们照管着寺庙、殿堂，只是为了让人们供养他们。

问：你还计划在这里住多久？

宽明：再住两三年吧，等这座寺庙修好了。然后我愿意把它交给一个有道心的人，一个能够复兴律宗修行的人。之后，我想花几年时间去跟梦师父或者妙师父学习。梦师父在美国，他希望我到他那里去。

问：你能给我讲讲梦师父的事吗？

宽明：他是黑龙江人，跟我一样。他三十几岁就已经很出名了，经常在缅甸、泰国和中国的香港弘法。他回来的时候，被当成间谍抓起来了。他们说，他走的地方太多了。他在监狱里过了三十多年，1980年终于被放了出来。他现在七十八岁了。当我第一次在厦门佛学院遇见他的时候，有几百个人——不仅仅是出家人，都来听他讲法。他是一个很有感染力的演讲者，他的话也很深刻。最近，他到美国去给华人听众讲法，他们要求他留下来。他教给了我很多东西。妙师父也是这样。妙师父说话不多，但是不管他说什么，都很深刻。

他曾经是中国最著名的禅寺——扬州高旻寺的方丈。他们两个人都是开悟了的大师。

问：一个人不守戒能开悟吗？

宽明：不能。如果你不守戒，不管是一条戒还是二百五十条戒（比丘戒），你的生活都不会有安宁。你守戒的时候，就能够清除障碍和执著。只有到那个时候，你的禅定才能够深入。而只有通过禅定，你才能开悟。这就是律宗背后的逻辑。

问：你看佛教在中国的复兴有什么希望？

宽明：过去的十多年间，情况发生了很大的变化。陕西省几乎没有一个村子没有庙，或道观、祠堂之类，好让人们去礼拜。礼拜者来自生活的各个阶层。我们最需要的就是一些大师。但是就目前而言，我们的主要任务看来是要使人们重新熟悉佛教、亲近佛教。当然了，很多寺庙已经变成了“动物园”，人们对待出家人就像对待动物。他们只是来看看，而且吵吵闹闹的。但是我们认为这种情况是会改变的，寺庙会重新变成礼拜和修行的场所。但这需要时间。到那个时候，老和尚们都已经不在了。所以未来要靠我们。我们必须精进修行。这就是我们这里不卖票的原因。我们不让人们进来，除非他们是来拜佛的。但是我们还需要钱修复寺庙，所以我已经发动出家人做玛瑙念珠。我想最终我们能够靠这个来养活自己。

问：其他寺庙怎么样？

宽明：他们也是这样。如果他们不想办法通过自己的劳动，或者靠布施来养活自己，那么他们就不得不卖门票给游客。我们都很清楚这样做的后果。大师们已是耄耋之年了，直到前不久，他们才获准教课。除非新一代出家人很精进，否则这个宗教就什么也没有了。虽然我们现在有宗教自由，但是佛教自身的情况还是一年比一年糟。十年前，宗教限制刚刚解除的时候，情况要好些。

现在是六个月以后了，宽明已经回福建厦门了。显然，他准备到美国梦参那里去了。他的位置已经被另一位年轻和尚开龙所取代。开龙是北京大学中文系毕业的。实际上，住在净业寺的八九位和尚中，有二位是北大中文系的毕业生。在别的寺庙里也是这样，我惊诧于年轻出家人受教育程度之高。在北京的时候，我了解到，佛教协会要求所有的新出家人至少要受过高中教育。道教协会则没有这样的要求。

开龙把我领到一个窑洞里，大殿后共挖了三个窑洞。这间窑洞是个斋堂，我正好赶上了吃晚饭：玉米粥，一种野菜，还有炒土豆。后来，开龙把我领到一个房间里去过夜。我所能记得的下一件事情就是，在一曲“交响乐”中醒来：有人在斋堂炉灶上生火，火苗的呼呼声；一只啄木鸟找虫子的声音；还有各种各样的鸟鸣。然后有人在敲那根挂在斋堂附近的裂了缝的木头。除了新蒸的馒头取代了炒土豆以外，早餐跟晚餐没有什么两样。

上一次参观的时候，我在这条山谷上面远处的观音山上，曾经遇到过一位名叫圆照的比丘尼。当我告诉开龙我想再跟她聊聊时，他说她已经搬到观音山的后面去了，而且路很难走。早饭后，他跟一位年轻和尚说了这件事。大上周，这位年轻和尚曾经想拜访圆照，但是没有成功。虽然当时已经是 3 月中旬了，但他还是没能穿过雪地。不过天气已经晴了整整一个星期了，因此他同意再试一次，去走那条路。

我们爬下山，来到那条柏油路上，开始沿着山谷往上走。有几辆汽车从我们身边经过。这位年轻和尚说，汽车一般不停，除非有人要下车，因为要重新启动太困难了。几分钟后，我们想办法搭上了一辆运货马车。走了十五公里后，我们开始爬观音山的东坡。

上山一百米后，这条路经过一片农舍，在一个大猪栏处向左拐去，然后开始沿着一片陡峭的山坡蛇行而上。如果这片山坡是湿的或者结着冰，那么根本不可能爬上去。即使是干的，也很难走，我不得不频频地停下来喘气。我的同伴一定很纳闷我在这些山里干什么。我自己也纳闷。九十分钟后，路终于变得平整起来，我们到了水帘洞。这是六个月前我遇到圆照的时候她住的地方。洞的新主人不在家。在洞内佛堂前上了一些香之后，我们继续前行。二十分钟后，左面的一条岔路上矗立着一座石头拱门，上面写着“南雅寺”。

去年秋天，当我与史蒂芬和宽明一起爬观音山的时候，我们选择了主路，十分钟后就到了顶峰上：一座巨大的松木拱门，四五座庙宇挤在一起。在一个庙里，我们遇见了一位七十岁的老和尚，他是去年才剃度的，大概已经落在宽明“粥饭僧”的名单里了。在另一个道观里，我们看见一群在家弟子正在接受一位年轻道士的气功指导。我们则待在外面。宽明评论说，天气很特别，我们只好同意。由山峰、青松和白云所构成的全景，每几秒钟就会变化一次。我抽掉了一整根雪茄，就坐在那里看着，听着我心爱的曲子——松间的风声。

这一次，我决定不去主峰，而是去了南雅寺。几分钟后，我们受到常照的欢迎。常照是南雅寺的住持，也是寺里唯一的和尚。他七十一岁了，已经在这座寺庙里住了九年。两位居士跟他一起住在这里。当一位居士给我们倒热糖水的时候，住持拿出一只小钟给我们看——那是三百年前清朝初年皇帝赏赐给南雅寺的。它看起来很粗糙，似乎说明南雅寺在那位皇帝的寺庙名单上的地位不太高。在外面，常照领我们参观了一间即将竣工的新大殿，然后他把万花山指给我们看。万花山在沣河河谷的东岸，主峰高两千米，就在观音山的正对面。他说，有几个和尚最近在万花山上搭了茅篷，还有一些人想到那儿去。他说，那儿比观音山僻静多了。我做了笔记。

已经是中午了，但是住持没有请我们留下来吃饭。很显然，南雅寺的粮食供应太少了。我们告辞了，开始沿着观音山的另一面往下走。山上仍然有残雪，但是连续一个星期的晴天已经使路况有了很大的变化。十分钟后，我们到了一座名叫西静寺的小庙。一位尼师出来迎接我们。她是圆照的弟子，一个人住在那里。她坚持要我们留下来吃点儿剩的炒米饭。我想她一定是南方人。在北方，馒头和面条是常见的主食。当她忙于热米饭的时候，我四下里看了看，发现西静寺像南雅寺一样，也有一间单独供奉着道教神仙的偏殿。一个什么人都能来的地方。

午饭后，我们继续沿着山路往下走。在一个地方，我们惊起了一只像狗一样大的兔子。山坡上铺满了去年秋天的落叶，那只兔子从山坡上跳窜而下的声音把我们也吓了一跳——其程度跟我们吓着它的程度差不多。二十分钟后，我们路过金蝉寺。没有人在。几分钟后，我们路过一间茅篷。晒在太阳底下的衣服是一位尼师的。还是没有人在。五分钟后，我们到了一条深谷的谷底，走过一座木桥，往对面的山坡上爬去。又过了几分钟，我们到了龙王寺。它是明朝的一座老比丘尼道场。东南大约一百米处，是未来的观音寺的寺址。回首看看观音山，我估计，我们在山峰西南不到两公里处。

龙王寺的一位尼师告诉我们，圆照住在一个小平台上的一座小土房里。那个小平台是开出来给观音寺将来建大殿用的。我们跟着那位尼师，爬上了去圆照住处的山坡。她正盘腿坐在炕上。炕是一种土床，里面安着炉子，在整个中国北方都很常见。

我进去的时候，她说："你回来了。好。现在我们可以聊聊了。上一次我还不能肯定。现在我知道你是为法而来的了。"我很高兴我做了再次拜访她的努力。她八十八岁了，但是在曾经跟我谈过话的人中，几乎没有谁像她这样机敏。她出生在中国东北吉林省的一个中医世家，祖上六世行医。她的祖父是一个和尚，她的父亲也成了和尚。她十六岁就出家了，毕业于北京的佛学院。后来，她回到东北，在那里创建

山中采药人

了四所佛学院。我问她为什么要离开东北到终南山来。

圆照：我被骗了。是智真（音译）骗了我。当时智真是西安卧龙寺的方丈，他每天诵三十遍《金刚经》。1953 年，他来看我，我到火车站去送他的时候，他往我手里塞了一张车票，就把我一起拉上了火车。我两手空空地来到了西安，甚至连一套换洗衣服都没有。他不希望我继续工作，而想让我修行。后来，我接任了草堂寺的方丈。红卫兵来的时候，我叫他们走开。我没有让他们进来。如果我让他们进来，他们就会砸了鸠摩罗什塔。我做好了死的准备。那是很久以前的事儿了。再后来，我受不了寺庙里的生活，就搬到观音山来了。那是十年前了。我觉得它是一个死的好地方。去年，我觉得观音山的前面不够安静，太多的人去爬那座山，所以我就搬到后面来了。可人们还是来看我。两个星期前，有几个大学生来跟我学《华严经》，跟我一起住了一个星期。

问：我听说您修密宗？

圆照：是啊，不过我们那一批人没剩多少了。现在几乎没有人修密宗了。最初我是在北京跟噶举派领袖、十六世贡嘎活佛学的。它跟达赖喇嘛和班禅喇嘛的格鲁派不一样。密宗比较快捷。我很快就会死的，所以我学了密。现在我还在等死，就等着那把火啦。

问：密宗修行跟净土宗修行相似吗？

圓照比丘尼的茅篷

圆照：密宗修行更接近于禅。它是禅的极致。但是它不是给普通人修的。它就像开飞机，很危险。净土宗修行就像赶牛车，很安全，什么人都能修。但是它花的时间要长一些。

这么多年来，圆照曾经教了那么多弟子，我想她一定记住了自己的演讲，或者至少她诵的经的引文。于是我从包里拿出一张书法纸，问她愿不愿意把佛教修行的本质给我写下来。她把纸放到一边去了，于是我没有再提起这个话题。两个月后，我回到台湾以后，收到了她寄来的那张纸，上面写着四个字“慈、悲、喜、舍”。她的书法清晰有力，就像她的心一样。

晚饭后，在未来院子对面的一间小土房里，我和我的同伴盖着毛毯，伸展着四肢躺着。半夜里，天空隆隆作响。紧接着一声巨响，炸开了一个霹雳，随后大雨如注，直到天亮。

第二天早晨出去的时候，我几乎没法走路了。每走一步，就有一斤重的黏黄土粘在我的鞋上。早上我们吃完玉米粥和炒土豆以后，圆照来到我们屋里。她想教我们一个开悟的捷径，如果我们接近死亡的时候，就可以用它。她说，如果我们修这个法而不想死，我们就会得上可怕的头疼病，不管怎么样都会死的。她咯咯地笑着，我们三个人都爬到了炕上的毛毯底下。她教了我们一条咒语，一串梵文音节，据她说最初是由外太空的生命教给人类的。她还教了我们另一条咒语，说是解药。当死亡决定从我们身边经过的时候，或者我们从它身边经过的时候，我们就可以用它。

圆照比丘尼在炕上，“就等着那把火啦”。

后来我们来到外面。空气中还有一些水汽，但是雨已经停了。我们决定，只要能走就走。圆照说，走观音山上的路是不可能了，她建议我们走一条更容易走、也更短一些的路，这条路沿着一条深谷的边缘，向西北而下，直到沣河。路面上铺满了落叶，坡度也比较平缓。她告诉我们，县政府已经考虑好，要沿着这条深谷往上修一条路，以发展这一地区的旅游业，但是这一计划暂时被搁置着，要等到经济好转才会实施。我们对这一想法深深叹息，挥手道别；然后沿路而下，一路上练习着我们的新咒语。

一个小时后，我们出来了，到了喂子坪村。经过昨天一个晚上，沣河已经变得狂野起来。我们从横跨沣河的一座桥上走过，然后开始沿着路走。河谷里到处是一片一片的竹林；透过雾气，还可以看到野桃花。

一个小时后，我们到了一个叫李原坪的村庄。在那儿，我们又过了一座桥，重新回到河对岸。

我们沿着一条路走着，穿过田野，经过村南头的一个巨大的池塘。橙黄色和金黄色的鱼在水中横冲直撞。我的同伴说，它们是从越南来的。刚过池塘，就是通向西观音寺的那条路。它沿着一座陡峭的山坡笔直而上，而且路面很滑。所幸沿途有不少树枝和石头可抓。

一个小时后，我们越过山脊，从山的另一面往下走。路变得平展起来。一只黄胸、黑白条纹翅膀的啄木鸟避开我们，继续在一根断枝上啄着。我们来到雾气中的一个地方，这就是西观音寺。我们喊着“阿弥陀佛”，走进泥地院子，四位年轻和尚和方丈圣林出现在门口。我的同伴走开，去跟其他的和尚聊天，于是方丈就邀请我跟他一起到斋堂里去。他说，他劈柴的时候，我们可以聊聊。他七十四岁，出家三十多年了。在过去的十四年里，他一直住在西观音寺。他是从净天手里接过这个寺庙的——净天现在已经搬到南方四川省的成都去了。

当我向圣林问起他的修行时，他说他太笨了，不能修禅，只念佛。他大笑起来，但他不是开玩笑。

圣林：现在禅不合适了。要修禅你得有很深的根基。好根器的人太少。他们不常见。过去任何人都可以修禅。但是现在不行。这不仅仅是我的观点，也是印光大师的观点（印光是20世纪早期的一位和尚，他在中国重新建立了净土宗的修行）。现在净土法门是唯一适合每一个人的法门。区别就在于净土法门要仰仗佛力。你不需要太深的根基。禅宗则完全靠自力。这就难得多了，尤其是现在。

过去有很多开悟的和尚。但是现在有几个开悟的？我认识的人里面一个也没有。也许有些和尚以为他们开悟了，但是他们没有。他们把妄想当成开悟了。这就是印光大师说最好仰仗佛力念佛的原因。谁更有力量，你还是佛？净土法门更有把握成就。如果你根基不深，又去修禅，你可能修一辈子，哪儿也去不了。净土法门并不容易。你必须决意要往生净土，否则念佛不会有任何好处，只不过是迷信罢了。净土法门是不需要解释的，关键在于信。但是信比解释更有力。你看不见净土。只有佛才能看见净土。眼睛是没有用的。

你必须依靠佛。

圣林告诉我，他在等一位出色的和尚来接管西观音寺——他只是一个看守者。这座寺庙差点儿被当成了农舍，但是圣林说，这里是终南山最好的修行场所之一。他说，难怪农夫们要到终南山的这一带来，这里阳光充足，雨水丰沛，土壤肥沃。就在我们刚刚到寺里以前，透过雾气，我瞥见了菜园的一角，还有几棵果树。他说，他们的果园里有梨树、苹果树和柿子树。然后他哈哈大笑，给我讲了一个故事：去年秋天，一只熊把他和其他和尚赶到屋里，然后吃掉了寺庙的柿子树一半的收成——其时那些柿子正在外面晾着。圣林很风趣。他一口气数出净土宗十三代祖师的名字，然后大笑起来，笑自己居然还记得他们的名字。

正当我跟圣林聊天儿的时候，我的年轻伙伴兼向导进来了，说我们该走了。当时已经是半下午了，如果我们不马上走，就可能错过净业寺的晚饭。

回去的路上，我的向导告诉我，他和西观音寺的一位和尚曾经一起住在少林寺（少林寺在河南省，菩提达摩就是在那儿把禅传给中国人的。还有些人说，也传了武术）。他说，少林寺和尚的名声很差，那些离开的人很难在其他寺庙找到地方。被净业寺收留了，他感到很幸运。他的朋友就被拒绝了。他说，问题是，旅游已经把少林寺变成了一座养老院了，任何待在那里的人，都被认为对名闻利养比对佛法更感兴趣。

我们在浓雾中摸索着往前走，回到山岭上。过了桥，出来重新回到路上。一个小时后，我们经过了另一片沙洲，沙洲上有几座房子。这就是二道桥。可是这儿一座桥也没有。8 月里，史蒂芬和我来这儿的时候，我们是蹚水过河的。经过对岸的几座农舍，在一条岔谷的入口处，我们找到了传福（音译）的茅屋。

当时传福三十七岁。她在十七岁的时候，出家当了道姑。三年后，她转到佛教门下，在丰德寺和草堂寺过了五年。后来，她曾经试过住观音山，但是差点儿饿死了。过去的三年里，她一直住在我们遇见她的时候她住的那座小茅屋里。她说，她可以用采草药卖的钱买她需要的东西。我想，除了当地的农民，以前可能从来没有人来看望过她。谈起她的生活和修行，她几乎要哭出来了。她很孤独。而且她的屋顶漏雨了。她说："如果你还很执著，如果你还没有看破红尘，你就不能住山。山里的生活很苦。但是一旦你看透了这个世间的虚幻，苦也就无关紧要了。唯一要紧的事情就是修行。如果不修行，你永远也摆脱不了妄尘。"

当我问她史蒂芬可不可以给她照张相的时候，她进屋去了。出来时穿着正式的法衣，那是她保存的留着特殊场合穿的。后来我们告辞了。史蒂芬和我继续向山谷深处走去。路就在山坡的边缘，然后过了河。不到一个小时之后，我们听到了锤子的声音。不一会儿，我们就来到一小块空地上——它的一半已经被一座大茅篷占满了。

这是彻慧（音译）的家。她的房子状况很好，不像传福的小草房。她的屋顶铺了瓦。几个农民正在剥绿色的核桃皮。彻慧正站在外面。

传福尼师和作者在她的小茅篷里

她刚一看见我们过来，就进屋去了，拿了几只凳子出来。我们互相问候，然后坐下来。又有两个妇人出来了。一个是彻慧的妹妹，另一个则是她的弟子。当她的弟子去拿水倒茶的时候，彻慧告诉我们，她是吉林人，20世纪50年代的时候，她跟家里人一起来到这一地区。她们是来修通向西部的天水和兰州之间的公路的，后来不在那儿了。1957年，她宣布说她想出家。她的父母兄弟都不同意，但是她拒绝改变主意。她在一座寺庙里学了五年佛，然后来到沣河河谷上游，在靠近西观音寺的地方搭了一间茅篷。七年后，她又搬了家，建起了她现在的房子——过去的二十年里，她一直住在这儿。她七十四岁了。我想，传福的事儿仍然压在我的心头。我问她是否曾经感到过孤独。

彻慧：不，我喜欢一个人住着。我不能离开这座山。每次我离开，我都想马上回来。另外我还有一个弟子，所以我不觉得孤独。

问：你多长时间下一次山?

彻慧：我大概每个月到山下的村子里去一趟，去买一些东西，比如米、面、油、盐之类的。如果我什么都不需要，我就不下山。需要的菜我都自己种，整个冬天光吃土豆。夏天，我每天都在菜园子里劳动。通常总有东西可吃。如果没有，我也不着急。

问：你从这一带其他的出家人那里得到的帮助多吗?

穿着正式法衣的传福尼师站在她的小茅篷前

彻慧：不，我们靠自己。如果我需要钱，我家里会想办法帮助我。现在我妹妹正来看我。快三十年了，我俩才头一次见面。她在沈阳给一家贸易单位干了三十六年，今年早些时候终于退休了。她现在生病了，想在死前来看看我。现在她到这儿已经一个月了。我们需要的东西不太多。我们每个月花钱不超过十至二十块钱（二至四美元）。我们很节俭。比如说，我们一个月只吃两斤油。还有，我有四棵核桃树。有的年头儿，我的核桃能卖一百多块钱。过去的这两天，这些农民一直在帮我收核桃。

问：你修行的时间多吗？

彻慧：每天晚上我睡觉前都打坐。每天早晚我都诵《地藏经》和《金刚经》。我只是刚刚上了第一个台阶，但是我已经学会了认经里的字。我可以通过自己的经验告诉你，如果你修行，你就会有所得；如果你不修行，你就会一无所获。

问：你受“文革”的影响了吗？

彻慧：不太大。他们来了，把我的香和点香的东西拿走了。但是我把我的佛像藏起来了。他们没有抓我，而且他们再也没有回来过。我跟从前一样地修行。但是其他出家人却有很多麻烦，尤其是那些住在寺庙里的。很多人被迫离开寺庙还俗了。这座山是一个被迫还俗的和尚的。他再也没有别的东西了，就想把这座山卖给我。我家里想方设法凑了三百块钱（六十美元），他就签字把它转让给我了。

红卫兵来的时候，他们把地契拿走了。他们不认识字，以为那是宗教宣传。我想把它要回来的时候，他们说我是反革命，把它烧掉了。我一直在想办法让政府重新给我一份地契，但是像我这样一个老尼姑，他们根本不会在意的。

问：有人曾经上来看过你吗?

彻慧：没有，一个人也没有。更不要说外国人了。

就要起大雾了，于是我们告辞。回去的路上，当我们走到河边的时候，传福拎着一大袋子核桃，在那里等我们。这袋核桃足有四十斤重。刚才我给了她足够的钱，让她修缮屋顶，因此她坚持要我们收下这些核桃。她说她总共只有这些东西了。我们谢了她，想方设法把核桃背过了河，弄回西安去了。

那是8月份，河很容易过。现在是3月下旬，下了一夜的雨，现在这条河已经变得混浊而危险，水面上飘满了树枝。这一次，我从二道桥走，三十分钟后，就回到了净业寺。我谢过给我当向导的那位年轻和尚，他消失在自己的房间里——我想，他最后一定已经跟我一样疲惫不堪了。回到房间里，我把暖水瓶里的大部分热水倒进一个盆里，洗了一个澡——把我的扎染印花大手帕当了毛巾。换了干净衣服以后，我用暖水瓶里剩下的热水冲了一杯速溶咖啡。在台湾的时候，我的朋友山德（音译）曾经给了我一些自家做的小饼，我把剩的最后几个吃了，然后睡着了。我睡得错过了晚饭，直到第二天早上才醒来。

又吃了一顿玉米粥早饭之后，开龙问我，还有没有哪些地方我想去。我已经去过了山顶上的道宣塔，以及附近的白居易墓（作为唐朝最伟大的诗人之一，白居易关心民众疾苦，所以很可以理解，他在洛阳还有一个墓）。我建议去东面青华山上的卧佛寺看看，开龙答应给我带路。

开龙领我走上稍远一点儿的附近一座山上的路。这条路实际上是一条山脊，我们只花了大约九十分钟，就走了三公里——正是这三公里把这两座寺庙隔开了。刚刚走到山顶，我们听到了远远的山下一声炮响。

卧佛寺是一个大杂烩，很多小建筑攒聚在一座石峰下面。其中的一座建筑里有一片岩壁，岩壁上雕了一尊卧佛，那是不到二百年前净业寺过去的一位方丈刻的。在另一座建筑里，我们遇到了四位男居士和一位女居士。他们在那里不是修行，而是给偶尔的香客和周末的游客提供饮食的。我们加入进去，跟主人一起吃面条。此时开龙提起了这个话题——假定净业寺要重新接管卧佛寺。他说，他要做的第一件事情，就是拆掉所有挤在峰顶的这些建筑物。唯一的反应是啜吸面条的声音。我们一吃完饭，就告辞往回走了。

这才是开龙第二次来青华山，因此在浓雾中，我们迷路了。幸运的是，那座山岭很难错过，所以我们很快就重新找到了路。尽管开龙才二十五岁，但是他对于在这一带重新把寺庙建成修行场所等实际问题，有着良好的理解力。他的长期计划——我想那也是厦门妙师父的（妙师父一直承担着这个项目的很多费用）——是把丰德寺、卧佛寺和净业寺合并成一个主要的修行中心。

大约再过十分钟，拐一个弯儿，就能看见净业寺了，开龙提议我们去看看一个叫东沟的地方。道宣的弟子和他们的继承人曾经在那里建了很多茅篷。其中的四十八座代代相传，直到“文革”期间，它们才被毁掉或者被废弃。开龙说，这些茅篷正在重修。

一条路沿着山岭的南坡而下，很快把我们带到第一座茅篷前。山谷里有一条小溪，这座茅篷就建在溪上。周围有几小块地，是空出来留着种菜的。前天这座茅篷就已经完工了。它是一座土房，我了解到，这些土坯不是太阳晒干的，而是一成形的时候就把它垒上去了。现在土坯还是湿的。屋里有两铺炕，两个想搬进来的和尚已经在炕道里生了火，想把房子烤干。屋顶盖了瓦，窗上有窗框，这似乎在暗示着有朝一日这些窗框能安上玻璃似的。两位北大毕业生计划住在这里，其中的一位告诉我们，建这个土屋，六个工人干了两个星期，花了五百块钱（一百美元）。它看起来结实得似乎能坚持一辈子。

与北大中文系毕业的开龙在他新盖的茅篷前合影

第七章　云中君

长安是古代中国的中心，是十一个朝代的都城，是一个北起朝鲜、南至越南，东起太平洋、西至波斯的大帝国的中心。直到后来，它的光辉才被洛阳、开封、杭州和北京这样的城市所遮蔽。公元七、八世纪，在长安的巅峰时期，它是当时那个时代世界上最大的城市，也是移民最多的城市。它是“大海”，中国所有的文化潮流和经济潮流都汇入其中，它也是中国最大的市场。长安位于丝绸之路的东端，也是中国第一个国际性的城市。公元前 200 年，长安刚一建好，就已经成为一个旅行者的城市。

西安是长安的现代化身，我对西安最持久的印象就是：成千上万的人戴着白帽子走来走去，就像朵朵白云，飘浮着，打着旋涡，流淌过街道。这个城市人口的很大一部分比例源自中亚，而白帽子就是在所有伊斯兰教文化中常见的头巾的另一种形式。这里还有规模很大的满族人、蒙古人和西藏人的团体。一本旅游手册中列出了三十八个少数民族。1990 年，这个城市的人口是三百万。而六十年前则是不到二十万。

西安现在仍然是一个旅行者的城市，与此相协调的，它的城市标志是一只大雁。这是这个城市最著名的旅行家玄奘的遗泽。玄奘对佛陀“世界唯心”的教义心存疑惑，为了解决这个疑问，公元 629 年，玄奘离开长安，动身去印度。两年后，玄奘到达印度，开始向瑜伽宗最后一批大师学习唯识的教义。十五年后，即公元 645 年，玄奘回到长安，唐太宗用专门欢迎得胜还朝的将军的盛典，欢迎玄奘归来。

唐太宗想知道玄奘在旅途中见闻的所有事情，于是玄奘别无选择，只好满足太宗的好奇心。结果是玄奘的《大唐西域记》和两人之间的一份独一无二的友谊。随着时间的推移，玄奘的记述被演绎成了《西游记》——《西游记》是中国最著名、最受人喜爱的小说之一。然而，玄奘对写小说或编撰旅游地名词典不感兴趣，他急着动手翻译从印度带回来的佛经。公元 648 年，太子邀请他在都城的慈恩寺建起了一个译经中心——慈恩寺是太子为了纪念他的母亲而修建的。

玄奘搬进去之后不久，他开始注意到这个问题：火灾或风暴有可能会毁掉他花了那么长时间收集的无价之宝——佛经。他请求太宗同意建一座塔，用来储藏佛经，太宗恩准了。后宫的嫔妃们把自己的珠宝首饰布施出来，用以支付建这座塔的费用。公元 652 年，它竣工了。

这座塔建起来之后不久，进士们就开始在塔的高层拱廊附近签上自己的名字——从拱廊那里可以眺望四面八方的风光。这些名字排列在一起，使人们联想到雁阵，于是人们开始把这座建筑物称作“大雁塔”。公元 752 年，杜甫和其他人一起到那里去签名，他写了一首诗，以纪念此事。在此诗的结尾，杜甫写道：

黄鹄去不息，

哀鸣何所投。

君看随阳雁，

各有稻粱谋。

这个名字被叫开了，从那以后，这座塔就一直被称作大雁塔。现在它仍然在城市的东南角——方圆六十四米。但是雁群已经不见了。我所能找到的唯一的名字，都不早于两百年前：清朝的信笔涂鸦。在外面，我停住脚，去读门两侧的两块石碑，石碑上是玄奘译经的序言。这两篇序言是太宗和太子拟制、褚遂良书写的。褚遂良是中国最伟大的书法家之一。我练习书法的时候，有好几年，都是用这两篇碑文做临摹的范本。在这里看到它们，就好像遇见了一位昔日的老师。

在唐朝,这座寺庙还因为牡丹而闻名。牡丹四五月份开花。现在，在大殿的下面，沿路排列着几十丛牡丹。一位和尚告诉我，花期的时候，这些牡丹仍然能吸引到很多游人——尽管寺庙的庙基已经缩小到过去的十分之一，尽管住在那里的三十位和尚看起来像一座纪念馆的管理人员。其中一位和尚告诉我，玄奘的舍利在终南山附近的另外一座寺庙里。于是我雇了一辆车和一个司机，向山里开去。

路从慈恩寺北开始,我们沿着这条路向东南方向开去。一公里后，我们路过一个名叫曲江池的村庄——在古代，曲江池是长安最著名的风景名胜地。

开始的时候很简单，那是在秦朝和汉朝，那时候曲江池只是一个由一眼天然泉供水的池塘,周边种满了树木花草。在此后的朝代里，这个池塘被扩浚得规模很大。公元七、八世纪期间，它变成了一条曲曲折折的水路，包括瀑布、河流和池塘等各种水文景观，东西占地两公里，南北四公里。为了保证曲江池的水源供应，人们修建了一条水渠,把水从终南山一直引到这儿来。沿岸亭台别墅林立。春天，皇室成员都到这里聚会，来观赏西岸的杏花。夏天，他们来观赏沿着东岸盛开的荷花。

一个饮酒游戏（曲水流觞）也是在这里起源的。玩这个游戏要依赖水和风的变化。游戏开头是用一壶酒放在一个木头器皿（觞）上，然后让它沿着水池漂流，一直漂到某位参加者的面前，这位参加者就得给自己斟一杯酒，在一卷准备好的条幅上匆匆题上一行诗，然后把那个木头器皿（觞）再推出去。当所有的人都醉得题不成诗，或者酒喝光了的时候，这个游戏就结束了。当水枯竭了的时候，这个游戏则永远地结束了。10世纪到过长安的旅行者们说，那些亭台楼阁已沦为废墟，曲江池已经种上了庄稼。但是记忆还存留着，人们仍然把这个地方称作长安八景之一。

刚刚经过这座村庄，我们拐上一条土路。一分钟后，这条土路在一个叫寒窑的地方终止了。寒窑是一条沟，向黄土高原深处蜿蜒几百米。王宝钏就是在这里等待她丈夫的，一等就是十八年。

王宝钏是唐朝一位丞相最小的女儿。这位丞相急着要给她安排一桩政治婚姻。宝钏拒绝嫁给她父亲提议的任何人，于是她被迫去爬大雁塔，向下面扔绣球。谁抓到那个绣球，她就得嫁给谁。前一天夜里，她曾经见过一位贫穷的流浪者，当她看到他的时候，就把绣球扔给了他，他抓住了它。他的名字是薛平贵。然而，宝钏的父亲拒绝承认薛平贵，把他打发走了。宝钏却不肯接受父亲的决定，于是她也被赶走了。年轻的夫妇无处安身，只好搬进一座废弃的窑洞里，这座窑洞的黄土墙上刻着“寒窑”二字。

之后不久，唐朝与北方的游牧民族东胡之间爆发了战争，薛平贵从军了。很不幸，军队是由王丞相的一位女婿所领导的。他给薛平贵设了一个圈套，导致薛平贵被敌人俘虏了。

尽管有人向宝钏报告了薛平贵的死讯，可是她还是继续待在寒窑里，忠贞不渝地等待丈夫的归来。十八年后，唐朝与东胡和解了，薛平贵被释放了。当他回到长安的时候，他在他们的窑洞外面发现了自己的妻子，她正在采摘一种叫荠菜的野菜——荠菜又被称作“羊倌的钱包”。薛平贵不在的这些年里，她一直靠它维生。

参观了宝钏的窑洞之后，我们停在寒窑这条沟入口处的一个小食摊前，早早地吃了午饭——煮饺子。饺子馅儿是新摘的“羊倌的钱包”，味道有点儿辣。我想象着，至少王宝钏没觉得它单调乏味。

我们回到主路上，再次向东南进发。但是没有开多久。一分钟后，我们向右拐上一条土路，这条土路穿过长满了粟苗和谷子的田野，经过两座砖窑，向上经过凤栖原的土坡，来到胡亥长满了刺藤的小坟墓前。

胡亥是秦始皇的儿子。公元前 210 年，秦始皇驾崩了。作为第二个皇帝，胡亥统治了三年。这三年都是按照太监赵高的意愿行事的。有一次，赵高把一头鹿带到年轻的皇帝面前，说它是一匹马。没有人敢驳斥这个太监，于是皇帝以为自己产生了幻觉。两个星期后，赵高安排了另一次“幻觉”事件，他命令士兵们装扮成强盗，“袭击”宫殿。皇帝迅速地自杀了，被另一位傀儡所取代。

毫无疑问，尽管盗墓者们做了他们该做的工作，但是胡亥的坟墓一直没有被掘开，而且也很少有游客参观。它位于一度是曲江池的那个盆地的南端。我仍然能够辨认出坟墓下面的那一块高地，在那里，皇帝们在紫云楼款待进士。御宴后，进士们会沿着曲江池岸，缓步徐行到大雁塔，签上他们的名字，然后变成大雁。

回到主路上，我们沿着古代黄渠的路线，继续向南行进。黄渠曾经给曲江渠供过水，将来也许会再次这样做的。胡亥墓的一位管理人员告诉我，政府已经拟定了计划，要修复曲江渠，建一座大型的公园。他说，为了这一目的，人们已经在终南山的大峪入口处修建了一座堤坝。

过了胡亥墓四公里，我们又一次停下来，恰巧停在东伍村前。我们的左方杜陵原上，坟冢累累。其中的一座离路不到二百米，于是我们穿过脚踝高的粟苗地，去考察那个地方。它包括一座中心坟墓，左右两侧是两座小坟墓，还有一条丹墀，两侧排列着十二座马和官员的石雕，欢迎着来访者。它们都是用整块的花岗岩雕凿的，所有这些东西都明显处于良好状态。同样引人注目的是，这个地方被撂给当地村民管理。我拾起一片屋瓦，把它给一个农民看。他说，历史学家们曾经来过这个地方，但是，不能断定这是谁的坟墓。后来，我找到了一张老地图，上面注明这是献帝墓。献帝是汉朝的最后一位皇帝，公元 234 年卒。

从献帝墓向东走不远，有一座大得多的陵墓，它比这片平原至少要高出一百米。那个农民和那张老地图的说法是一致的，他们说这是宣帝陵——宣帝卒于公元前 49 年。我用望远镜浏览了一下周围的平原。到处都是坟墓。

我们回到汽车里，向东南开了十五公里，来到一个集镇——引镇。从这里开始，我们脚下的路和昔日的黄渠水道都向南延伸了六公里，一直通到大峪入口处的新大坝前。过了大峪是嘉五台，从唐朝起，嘉五台就因为山峰险峻、环境清幽而在佛教徒中享有盛名。我已经跟史蒂芬一起游览过两次嘉五台了，现在我想再爬一次。

但是首先，我想在引镇东面八公里处的兴教寺稍作逗留。几分钟后，我们到了兴教寺长长的红墙外。兴教寺位于少陵原的西部边缘。二十三米高的玄奘塔是它最主要的建筑。玄奘塔像一棵巨柏的主干，屹立在红墙后。公元 664 年，玄奘圆寂后，他的舍利被安放在都城附近白鹿原上的一座塔里。但是时时能看到玄奘塔，使皇上很悲伤。公元 669 年，它被迁到了这儿。从那以后，它就一直矗立在这儿——都城南面二十公里处，在终南山的注视之中——有一次，玄奘曾经把终南山形容为“众山之祖”。

玄奘塔比它的原型大雁塔要小得多，但是它却高高地凌驾于邻近的两座三层塔之上。那两座塔里是玄奘最著名的两位弟子窥基和圆测的舍利。很多个世纪以来，中国佛教唯识宗的三位创始人的舍利塔，成功地经受住了战争和自然灾害的考验，幸存了下来。殿堂就没有这么幸运了。它们数度被毁，又数度重修。最近的一次是在1939年，是蒋介石为了纪念他的母亲而修建的。主要建筑的状况仍然相当良好——这要感谢周恩来，即使在“文革”期间，他也下令要保护兴教寺。

在大殿的门口上方，悬挂着一块匾额，上书“兴教寺”三个字。这是诗人、哲学家康有为题写的。1898年，光绪皇帝委托康有为按照现代纲领来改革大清帝国，但是这个计划被慈禧太后和她的党羽破坏了，康有为不得不流亡日本。虽然最终康有为还是回来了，但是他却在幽居中结束了自己的一生。他在这块匾额上的书法落款是1923年，即他去世之前四年。他是六十九岁的时候去世的。

大殿里没有什么特别值得注意的东西，但是后殿里却存放着一些令人难忘的珍品。在几幅明代的佛菩萨画像旁边，有三尊铜的唐代大悲观世音菩萨塑像。在玄奘的旅途中，每当他遇到困难，他都是祈念观世音菩萨圣号。我上了一些香，然后问侍者，我能不能跟方丈谈谈。

几分钟后，侍者回来了，把我领进方丈的卧室——也是他的办公室。他坐在一张大桌子后面，桌面是一大块黄玛瑙板——那是蒋介石送给兴教寺的礼物。方丈的名字是常明。我向他做了自我介绍，解释说，我正在这一带参访隐士。

在我们谈话的过程中我得知，常明七十四岁了，咸阳人——咸阳就在西安的西面。1937 年，他出家后，搬到了终南山，住在南五台上的紫竹林。在那里，他与师父佛尘一起，待了将近二十年，直到政府开始驱逐和尚出山为止。1956 年，他行脚到了北京，在首都的佛学院学习。两年后，重新回到佛尘身边。那时候，佛尘已经被任命为兴教寺的方丈。1981 年，佛尘圆寂了，常明接任了方丈的职位；他也是陕西省佛教协会的副会长。我问他，开始修行的时候，他为什么选择了终南山。

常明回答："自从佛教传到中国以后，人们一直就来终南山修行。甚至中国南方的和尚和尼师也来这儿修行。他们待上三五年，然后回到南方，建立自己的修行中心。这儿是为法出家的和尚和尼师来的地方。修行不是一两天就能完成的事情。你要花费很多年时间，才能真正有所得。这不容易。但是来这儿修行的人都不怕苦。这正是他们来这儿的原因。他们中的很多人在这座山里开悟了，还有很多人继续修行，将来会成为大师。在现代，虚云和印法（音译）曾经住过嘉五台；印光和来果住过南五台。这儿是他们开悟的地方。每个人都知道这些山是修行的好地方。这就是我选择它们的原因。"

尽管常明很热心，却不太健谈。他领我参观了寺庙东厢的藏经楼。里面有很多重要佛经的翻印品，但没有一本是玄奘的原稿。后来，在寺庙流通处，我买了一张拓印的画，上面是玄奘，背着他精致的佛经袋。它是从寺庙的一块石碑上拓印下来的，这块石碑刻于 1933 年。

常明说，尽管他和佛尘都曾经在南五台上住过——南五台在兴教寺西南十五公里处，但是兴教寺却与嘉五台有着一种特殊的关系——嘉五台在兴教寺南面不到十公里处。他说，当嘉五台的隐士们病得很重，或者年纪大到无法照料自己的时候，他们就会到兴教寺来，而兴教寺的年轻和尚们也仍然去嘉五台，加深自己的修行。

常明让我在大殿外等一会儿。几分钟后，他带着一位老和尚回来了。他介绍说，这位老和尚是光善。他说，光善在嘉五台后山的一个茅篷里住了四十多年。他的茅篷在19世纪末虚云住过的那个茅篷的上面不远。光善九十八岁了，是前年下山的，那时候，他已经不能再种地了。我问光善，嘉五台上是否还住着其他的隐士。我几乎听不见他的回答，因此常明不得不重复一遍他所说的话。光善回答说，是有几个，但是不像以前那么多了。

问：您原来住在哪儿?

光善：在佛慧茅篷，就在狮子茅篷上面。

问：虚云过去的茅篷——狮子茅篷怎么样了？还有人住在那儿吗?

光善：自从虚云走了以后，有几位和尚住过那儿。但是我不知道现在那儿有没有人。路不好走。一位大学生曾经爬上去过，不久就下来了，他想搬进去住，但是我不知道他到底住没住。

常明：大约一个月前，两个和尚搬到虚云的茅篷里去了，但是我不知道他们想待多久。

问：如果路那么难走，你们为什么还要住在那儿？

光善：为了安静。禅和子喜欢安静。

问：嘉五台的情况发生了很大的变化吗？

光善：它仍然很安静。出家人仍然到那上面去修行。已经有一些小寺庙和小茅篷修复起来了。人们仍然在修行。山脚下还住着一些出家人。

问：您住在那里的时候，诵的是什么经？

光善：我不诵经。我只念佛，阿弥陀佛。我还打坐，修禅。禅宗的和尚不诵经。

问：您是怎么得到足够多的食物的？

光善：每一个住在山里的人都自己种菜，种几种蔬菜，还采集野菜。我需要的一切都自己种。没有好理由，我就不下山。我有足够的食物。

问：您多长时间下一次山？

光善：不一定。有时候每两年下来一次。现在我太虚弱了，不能再住在那儿了。

九十八岁的老和尚光善

光善精疲力尽了，常明便搀着他回里面去了。

我已经跟史蒂芬去过两次嘉五台了。那两次，我们都是走的这条路线：从引镇的南面经大峪村，爬到一个小山上，来到一座大坝前——这座大坝现在封住了大峪的入口。然后乘渡船到水库的尽头，再沿着一条岩石路走到一座石头桥上。石桥附近就是五里庙的遗址。河对岸的一条路沿着大峪的一条岔谷而上，最后通到嘉五台的东坡。这一次，我想爬西坡。常明回到外面以后，同意给我带路。

我们开车回到主路上，穿过乡村，曲折前行。有两次，常明都不得不向农民问路。大约二十分钟后，我们到达终南山麓。当山坡太陡、车上不去了的时候，我们便停了下来。

上嘉五台西坡的传统路线是取道白道峪，现在白道峪就在不到一公里处。回头望去，常明把新庵寺的旧址指给我们看——它就在我们刚刚路过的那座村庄的南头。他说，新庵寺曾经是终南山最重要的寺庙之一，直到 1949 年以前，里面住了几百位出家人，现在是村小学。常明转过身来，面朝着山说，这条路继续沿着白道峪再向上几公里，成了一条石阶。他说，在上面的一些岔谷里住着几位隐士，但是他们很难找到。而且，如果我想在日落时分到达嘉五台，我也没有那么多时间——他估计我到嘉五台要花三个小时。

司机把车掉头回去的时候，常明在一张纸条上写了一些字。他说，也许我愿意把一位同修的隐士写的一首诗，收到我所搜集的资料中。这首诗是常慧（音译）写的，常慧也是佛尘的弟子。我们道别后，常明消失在了我的视野中，我开始读常慧的诗：

独立高峰上，
白云去复还。
群山拥足下，
岚雾出岫间。
坐观天地阔，
静听古今闲。
无真亦无妄，
明暗落山前。

现在是 4 月上旬，北坡上还有 片 片的残雪。我沿路走进白道峪，大约走了两公里以后，来到一座冒充太白庙的石头堆前。它是根据 8 世纪的诗人李白的名字命名的——李白字太白。在庙里，我遇见了常花。常花是一位六十六岁的比丘尼，兰州人。她说，她出家四十多年了，最近的十年，她一直住在太白庙。她说，她刚来的时候，太白庙还是一片断墙残垣，然后又补充说，好地方对修行不好。墙现在有了顶，但是整个地方仍然是一片废墟。她告诉我，五年来，她一直穿着同一套衣服，不过她对她的茶和糖却很慷慨。我解了渴以后，给李白上了些香，向常花告辞，继续前行。

又走了一公里，在一个叫二天门的地方，我路过另外一座小庙。里面有一间新的大殿和一座新的小土房，但是没有人在家，于是我继续向前走。刚刚过了这座寺庙，山路在一个叫凉水泉的地方终止了。然后我开始爬一段长长的石阶。三十分钟后，我追上了一个和尚，他肩上正扛着一袋二十五公斤重的面粉。我们俩都停下来休息。他说他的名字叫遇缘，四十三岁，西安人。原来他就是虚云过去在嘉五台后山的茅篷——狮子茅篷的新主人。我问他多长时间能吃光一袋面。他说，一袋二十五公斤的面，两个和尚通常能吃四十天左右。

我说，我听说有两个和尚住在嘉五台的后山。他说另外一个和尚叫印慧，宝鸡人，也是四十三岁，是一个新茅篷的主人，这个新茅篷在狮子茅篷下面的几百米处。遇缘说，为了找一个合适的修行地方，他和印慧花了好几年的时间，最后终于决定在嘉五台的后坡落脚。他说，他们已经把卧具和一些其他的生活必需品背上去了，现在，他们正在贮存给养，这样他们就不必常常下山了。他们计划需要待多久就待多久。我们谈了几分钟修行，然后一致同意，我们最好继续往前走。

二十分钟后，我到了一个平顶的山岭上，它的名字是分水岭。上面有一座小关帝庙——关帝是战神。从分水岭的西坡向下望去，我能够看见遇缘正背着那袋面粉，艰难地爬着台阶——那袋面粉，他和印慧最终会把它变成馒头、煎饼和面条。从分水岭的东坡向下望去，我能够看见去年 9 月份史蒂芬和我所走的那条路。

去年 9 月，我们没有走通向分水岭的那条路。就在路最后一次从河上经过之前，我们向左走，来到山谷深处大约一百米处的一座农舍。农夫在家，同意给我们当向导，带我们到嘉五台后坡的虚云的狮子茅篷去。路就从他家的上面开始，然后沿着一条长长的山谷，向上而行。

大约过了三十分钟左右，我们听到一阵金属的叮当声。几秒钟后，从遮蔽了小路的杂草丛中，闪出一个和尚。那阵叮当声就来自于他的木头拐杖。拐杖顶端有几个金属环，以驱赶恶神恶鬼，以及警告野生动物让路的。拐杖底部安了个小铁铲，是在爬比较滑的山坡时用的。他说，他叫果善，山阳县人——山阳在此地东南大约一百公里处。他六十七岁了，最近的十年，他一直住在大意洞。我问他住在山上的苦况。

果善：对我来说都一样。只是对你来说显得苦罢了。

问：你研究哪些经典？

果善：我不认识字。我从来没上过学。我只是坐禅。

问：你为什么住得离人群这么远？

果善：我是一个和尚。我已经看破了红尘。只要有足够的食物，我就待在山上。我一个人生活。当我没有食物的时候，我就下山。这就是我今天去村里的原因。我断炊了。

问：还有其他的人住在山这面的茅篷里吗？

果善：除了我，还有另外一个和尚。

问：他住在哪儿?

果善:就在那边的那个岩壁上面。(他指着顶峰南面的一个山洞。)

问：它离狮子茅篷有多远?

果善：沿着这条路往上走，过了这座岭，还要两个小时。你们为什么不待几天呢？今天下午晚些时候，我就会带着粮食回来的。

我告诉他，我们的司机正在等我们回大坝。也许下一次。我们向他道别，然后爬上一个山坡。山坡上开满了黄色的野花，草木葱茏，路几乎看不见了。我和史蒂芬常常看不见对方。我们的向导时不时地消失在灌木丛中，重新出来的时候，手上拿着各种各样的野果：中国鹅莓，比我曾经见过的所有猕猴桃都大；还有一种像石榴或百香果的东西，它的种子含有甜甜的乳浆。

当时是初秋，我们一定是碰到了某种有毒的植物，当史蒂芬和我回到台湾的时候，我们的手上、胳膊上和腿上起了一串串的水泡。炉甘石和其他外用药水都没有用。最后，一位中医给了我一种软膏和一些草药丸，水泡消失了。在我第二次去那些山里期间，我了解到，我们碰上了一种有毒的野生漆树。这种漆树是原产于终南山的漆树的一个变种。它是制造漆制品的树脂原料，有剧毒。对它过敏的人能变成人球。在沣河河谷的一个村庄里，史蒂芬和我曾经见过一个男孩，他的脸因为漆毒而肿得看不见东西。

果善在嘉五台的山径上

山中问道

在艰难地往山上爬的途中，我们路过五六座茅篷的遗址。也许还有更多，但是葡萄树和茂草遮住了我们的视线——除了岩壁上凿的山洞以外，地面上的东西，我们什么都看不见。很显然，这座山上曾经住过很多隐士。

又爬了一个多小时，我们终于到了山顶，开始沿着山的另一面往下走。十分钟后，我们经过佛慧茅篷——光善一直住在那里，直到他太虚弱了，无法照料自己。他的旧菜园已经荒芜了，长满了杂草。

又过了几分钟，我们来到虚云的狮子茅篷。那是一座石头房子，背靠着一块巨大的石头，面朝南。据农夫说，屋顶的瓦是大约二十年前另一位隐士盖的。屋前有块空地，可以开个小菜园，但是从蔓生的杂草来看，这儿已经有一段时间没住过人了。

在20世纪初，虚云曾在这里住过三年。1900年，义和团运动和八国联军的入侵，迫使皇室逃出北京，光绪皇帝和慈禧太后在西安设立了临时都城。大约与此同时，虚云也到了西安。在《虚云和尚年谱》中，他对于1900～1903年之间发生的事情，做了下列记述，当时他六十几岁：

十月，上终南山结茅，觅得嘉五台后狮子岩，地幽僻，为杜外扰计，改号“虚云”自此始。山乏水，饮积雪，充饥恃自种野菜……

冬至，青山老人嘱赴长安市物。青山，湘人也，山众多尊之，与予住较近，多有来往。事毕，适大雪，上山至新茅篷，下石壁悬崖间，堕雪窟中，大号。近棚一全上人来，救予出；衣内外皆湿，且将入夜，念

昔日的虚云茅篷空无一人

明日当封山，没径，乘夜拨雪归。诣青师处，见予狼狈，嗤为不济事。笑领之，乃返篷，度岁……

岁行尽矣，万山积雪，严寒彻骨，予独居茅篷中，身心清净。一日，煮芋釜中，跏趺待熟，不觉定去……

山中邻篷复成师等，讶予久不至，来茅篷贺年，见篷外虎迹遍满，无人足迹。入视，见予在定中，乃以磬开静。问曰："已食否？"曰："未，芋在釜，度已熟矣！"发视之，已霉高寸许，坚冰如石。

几天后，虚云因为"厌于酬答"，离开了茅篷，到终南山一个更幽僻的地方去了。在他漫长的一生中剩下的岁月里，他从一座寺庙行脚到另一座寺庙，并且帮助修复了其中的很多寺庙。1959 年，他在江西云居山圆寂，享年一百二十岁。他是当时中国最受人尊重的和尚。现在仍然是。

虚云离开嘉五台后八个月，佛教居士高鹤年也来到了嘉五台。在他的《名山游访记》中，高鹤年写道：

光绪二十九年癸卯（1903 年）八月十二日，由长安经王莽村、刘秀村，八十里（两里相当于一公里），至北道屿，即终南山麓。上山十五里，破山石护国寺，俗呼嘉午台……是时本昌上人有茅篷，假与余住，名小梯，昔慈本上人休息处。山势壁削，上摩穹宵，下临绝涧。耳不闻鸡犬之声，目不睹尘俗之境，独居茅篷，清净异常。

中秋节（八月十五日，月圆日），余邀茅篷诸师及行脚僧，四五十众，普佛利孤，设上堂斋，供佛及僧、施食等事，仍回茅篷。将至门首，沿山一望，月朗如昼……余因于此山之后谷，结茅二处，定名曰“维摩”，曰“文殊”。维摩茅篷将成，供养慈筏、觉苦二师居住……余又邀诸师起七经冬……余负担经冬供养，并充当内外护七，当值、行堂、茶头、饭头、菜头、库头一切杂务等事，均以一身兼之……并助新棉被十条，供养诸师，接连七七四十九日，并留诸上善人度岁……

一日……由峰背下坡，异常崎岖，龙脊最险，稍不经意，即有堕坑落堑之虞。下面深不可测。约里许，五华洞，昔五华祖师成道处，今德安师住此（虚云则说道明住在这里）。问："大师在此安否？"（双关语，师名德安，故作斯问）答曰："此间堪避世，箕坐已忘年。"二里，观音洞。住者为江西僧，专求生西。

五里，清华山（显然是一个错误，作者一定是指"雪华山"）。山势陡峭，插入云表，怪石中起，积雪在林，道路欹侧。上有茅庵一处，访僧不遇。下山至维摩茅篷，觉苦、慈筏二师出迎，是晚畅谈。觉师曰："若欲住山，必须忘山，方见其道。"慈师云："若住山，见山不见道，被山所转，名守山鬼。"

次朝，下大禹洞，大方师专行苦行。定慧师同往后山。五里，踏雪履冰，异常险恶。诸师拟勿去，余答："欲向蓬莱去，哪问路难行。"余先上，翻大岭下坡。是时天霁雪化，路滑如油。至修元师茅篷。师住此十余年矣。余问师在此寂寞否，师曰："霁月光风同作伴，青山绿水共为邻。"

又至复成师茅篷……复师同至明道师茅篷。师住此已廿余载。余问再进深谷还有人否，答："无他人。据闻内有隐僧，有时而现，须长过膝，不知几百年矣。时闻木鱼声，我屡屡觅访，无缘得见。”予问山中食粮如何？答：“在此住山，非比他方。每夏秋间，下山募化，无如山下居民太苦，托钵一二月之久，稍得芦秫小米而已。假白春熟，自负上山。另种洋芋，又有野兽滋扰。柴草自斫。山中水少，自围水井。天旱时，下山数里负水，非常之难。岭高奇寒，一片荒山，人迹罕至，道路险恶，种种苦境，若不具真真实实道心，决不能住。体弱之人，更不能居也。惟红尘远隔，真为办道者之圣处耳！”

天色渐渐晚了，史蒂芬和我决定不冒险深入到比虚云茅篷更远的地方。史蒂芬拍了几张照片之后，向导告诉我们，要到山顶，时间还够，只是我们得抓紧。我们回到山岭上，然后走上一条小径——这条小径只有我们的向导才看得见。在有些地方，我们不得不拽着葡萄藤往上爬。最后，大约一小时以后，我们终于到达顶峰长长山脊的南端。待我们喘过气来之后，向导领我们走上一条岔路，来到观音洞。观音洞建在东面的崖壁上，是一个令人难以置信的隐修处。它包括一小块突出的、长满了草的岩石，和一个在崖壁上开凿的水池，那是用来贮积雨水的。我努力去想象在一个月夜坐在那里。我想象自己在太空中翱翔。

几分钟后，在顶峰的北端，我们敲响了兴庆寺的后门。等了很久之后，住持才来开门，然后他迅速地消失在斋堂里。我们看起来一定是像自己所感觉到的那样精疲力尽了。几分钟后，他重新出现了，手里端着两碗热面条。他叫志诚（音译），六十一岁，出家四十多年了。他原籍北京，20 世纪 50 年代，与师父永明一起迁到了西安地区。后来我了解到，永明还活着，而且是西安慈恩寺和大雁塔的方丈。1981 年，志诚搬到了嘉五台，接替了前任住持的职位。我向他请教兴庆寺的历史。

志诚回答道："兴庆寺最初建于公元 8 世纪早期。大约一百年后，华严宗五祖宗密来到这里，用神通把建筑材料从后山搬运上来，扩建了殿堂。这座寺庙过去是非常雄伟的，但是"文革"期间被毁掉了。很多个世纪以来，好多大师都曾经在这里住过。

问：您一个人住在这里吗？

志诚：不，还有另外三个和尚也住在这里。今天他们不在这里。他们下山弄粮食去了。

问：您修哪个法门？念佛还是坐禅？

志诚：我只是随缘度日。

问：为什么在这里？

志诚：我自小就喜欢安静，而且一直喜欢山。我不喜欢平原。我也曾经在这里南面的山和东面华山附近的山里住过。那时候，永明是渭南佛教协会的会长。

问：这附近还有别的和尚住吗？

志诚：有一个五十岁的和尚，他是两年前搬到观音洞来的。但是他最近回福建去了，一直没有回来。

问：我们从后山上来的时候，路上经过你们的菜园。在一块菜地里，我们看到一种野生动物的足迹。

志诚：那一定是野猪或老虎。但是老虎通常待在这里南面的山里。它们不怎么常到这儿来。过去常常过来，现在不来了。

问：这儿南面的山里有隐士吗？

志诚：有，但是我只认识一两个。观音洞的另一面有一个。西面的山峰上有个洞。天然比丘尼三十五岁的时候，搬到上面去了，她在那里待了五十年，直到1919年圆寂。但是现在那里没有人住。

问：您有没有什么修复这座寺庙或者扩建的计划？

志诚：有，但是那要等到情况好转才行。也许等护法居士们境况好了的时候，我们会把两边的侧殿修一修，再把两间大殿修一修。下面的破山寺曾经住过多达五十个和尚。它现是一片废墟，只剩下一间偏殿。我也想帮忙把它修复起来。

问：这里的风很大吗？

志诚：是的，尤其在冬天。有时候，风把屋瓦都刮掉了。过去的屋瓦都是用铁做的。

问：我想这里也很安静。

志诚：如果人静，那么他们在哪里都能静下来；如果人不静，那么他们就是在这里也静不下来。什么事情都取决于你自己。生命是短暂的，就像一道闪电，或者一个梦。八十年如云掠过。我们出生了，然后又死掉。但是在我们得到人身以前，我们还有另外一副面孔——我们的本来面目。我们用眼睛看不到它，只能用智慧去了解它。经中说“离相即佛”。我们都有佛性，我们都注定要成佛。但是成佛不是一两天就能办到的事情。你必须修行，然后才能觉悟到你的真性、你的本来面目。

问：人们来参观的时候，你教他们佛法吗?

志诚：不一定。每个人都不一样。要教他们，你必须了解对方心里在想什么，而且你得有些能力。如果有人要淹死了，而你不会游泳，那么你跳下去没有任何好处。而且如果一个人不想被拯救，你就救不了他。他必须愿意被拯救。

他说这些话的时候，夕阳的最后一缕余光照亮了他的面庞。史蒂芬和我意识到该离开了。我们对志诚的面条和他的挽留表示感谢。他在寺庙的门口目送着我们离开，然后回里面去了。一分钟后，他又出来了，手上提着几盏灯笼。但是我们已经开始下山了，于是向后大喊道，我们没有灯笼也能行。我们挥手道别，然后沿着石阶飞

志诚在兴庆寺后门

奔而下，途中经过六个月后我现在所站的这个地方。

这一次，我独自一个人往上走，途中经过几座小寺庙的遗址，爬上蹬云梯，来到那块裂缝的石头前——它把它的名字借给了破山寺(破山寺就是因此而得名的)。我向大门里望去,惊讶地发现了志诚。他笑了，说他正在为平日住在这里的一位比丘尼照看破山寺，她原定第二天回来的。他刚刚吃完晚饭，于是回到斋堂里，去给我热剩下的玉米粥和土豆。

我比自己想象的还要饿，因此没有给看门狗留下任何吃的——刚才进来的路上，它差点把我的腿咬掉了。之后，志诚领我沿着一条石阶下去，这条石阶就在斋堂外面，它沿着悬崖的西坡延伸下去，经过一座木板桥，通向喇嘛洞。一百年前，一位著名的喇嘛曾经住在这里，他在墙上写了一个藏文咒语，志诚把它指给我看。他说，眼下住喇嘛洞的那个和尚现在在西安。悬崖上还有一段铭文，赞美嘉五台的幽静。那是一位名叫性空的和尚写的，落款是公元 627 年。它说明,至少在宗密来此之前二百年,这里就已经是一个修行场所了。

志诚还把修真宝洞指给我看，它紧挨着喇嘛洞。向里望去就仿佛望进了夜晚。他说，那是老修行住的，他们自己有照明的东西。回去往上走的路上，他向我指点怎样把木板桥吊起来，这样人们就无法接近那两个洞了。

太阳下山了，志诚让我去爬一段名叫朝天梯的石阶。它把我带回到上面的兴庆寺。晚上，我和他的弟子睡在同一铺炕上。他的弟子是一位二十岁的沙弥,他还没有剃度,但是在山上已经住了两年了。

嘉五台顶的兴庆寺

他说他喜欢生活在生活的边缘。他的炕上有足够大的地方，睡我们两个人绰绰有余。当时是4月份，人们早已停止烧炕了，可是天气依然很寒冷，所以我一在铺盖里安顿好，就再也没有动过，直到天明——那时我听到鸟儿在邻近的山岭上啼叫。

至少我不用再穿衣服了。我穿上鞋，走出寺庙的后门。走过山顶的龙脊，我在一条小路前停下来。这条路向下延伸，经过几座杂草蔓生的塔，然后掉头向上，通到西面一百米处、邻近的雪华山的峰顶上。19世纪末，天然曾经在一座小石屋里住了五十年，现在我能够看见那座石屋的一角。我没有选择去她的石屋的路，继续向前又走了五十米，直到这条路在此分岔。主路继续向前，经过观音洞，最终向下消失在嘉五台的后坡。我走了另一条路，步行约三十米后，到了宗密过去的住处——五华洞（"五华"是"华严宗五祖"的缩语）。它包括一堵石头墙，这堵石头墙垒在一个突出物的前面。房子一直延伸到那个突出物的上面，就在那里，石头屋顶陷下去了。门向东，面朝着东南十公里处的太行（xíng）山的顶峰——此时朝阳正从那里冉冉升起。

我回到兴庆寺，沿着朝天梯向下爬回到破山寺。志诚正在斋堂里烧火、念诵。他说住在寺庙里的和尚吃的饭都是别人做的，但是住山的和尚却得自己动手做一切事情。我看着他做玉米粥，心想，也许有一天，我自己也有必要知道怎么做。他等水开了，撒了一些藕粉[①]进去，然后又撒了几把玉米面。

---

①疑为食用碱面。——译者注

志诚说，住在寺庙里的和尚生活很容易。他们每个月有五六十块钱（大约十美元）单金，以供个人开销。他哈哈大笑起来，然后说，永明一直试图让他下山，搬回到大雁塔去。他说他不喜欢平原，也无意用山换钱。他说：“我没有变成一个贪图钱和舒适的和尚。我有别的目标。自我还是一个孩子的时候起，苦难就不曾困扰过我。我生来就是受苦的。现在的和尚跟以前不同了。搬到嘉五台后坡的那两个和尚不会待过一个冬天。你是和尚，不意味着你就是佛。要开悟，很多和尚还得排在好多普通人的后面。当然了，我不应该说这个。”

他说话的时候，玉米粥溢出来了，于是看门狗被请进来，将之舔干净。志诚继续道：“只要你不受欲望的困扰，只要你的心不受妄想左右，那么你是出家人还是在家人，根本没有什么区别。一旦你的心很清净，你就能理解业。你知道这是什么意思吗？如果你种下佛种，你就会得到佛果。重要的是要诚实。如果你不诚实，你永远也不会成就。你知道，我只是一个山人。我只是把话串在一起，它们并不一定有什么意义。给你的土豆来点儿热辣椒怎么样？”

第八章　朱雀山

在中国古代，每个方向都有自己的神：东方青龙，北方玄武，西方白虎，南方朱雀。

我能够找到的最早使用这些字眼的书是《山海经》。在《山海经》中，“朱雀”这两个字被拼在一起，组成一个字，这个字的意思是指一种巨大的红翅人面的猫头鹰。尽管这些名字的来源我们不得而知，但是早在两千年前的汉朝，它们就已经得到广泛的应用，后来又扩展到那些与它们各自的方向有关的事物身上。

在六百年后的唐朝，朝南的窗户被称作“朱雀窗”，朝南的门被称作“朱雀门”。在长安，皇宫的朱雀门，面对着一座二百万人的城市，朝向二十五公里外的苍蓝的终南山岭。向往林泉的云游者们从朱雀门出发，沿着朱雀街向前行进。朱雀街是长安城最主要的南北大街，街两边住着很多长安最富有、最有权势的家族。它也是长安城一些最著名的风景名胜的所在地，其中第一个就是小雁塔。这座塔在朱雀门南面的一千五百米处，它是长安第二位最著名的旅行家义净的遗惠。

在玄奘去印度五十年之后，义净也去了印度。公元 671 年，义净三十六岁的时候，离开了长安。但是与玄奘不一样，玄奘走的是丝绸之路，义净则取海道。还有一点不同之处在于，玄奘去印度是为了更好地理解佛教哲学，而义净则对戒律和修行更感兴趣。

二十四年后，即公元 695 年，他回到新都洛阳，受到太后武则天的欢迎。公元 705 年，当宫廷迁回长安的时候，义净也搬回了长安，住在朱雀街西侧的荐福寺。

像玄奘在他之前已经做过的那样，义净也修了一座塔，以保护他带回来的经书。公元 706 年，他在荐福寺南面的那个区，建了一座四十五米高的塔，从那以后，这座塔就一直屹立在那里。1965 年，为了确定这座塔是否有足够的支撑，工人们掘开了塔基，他们发现了它能够安然度过地震的奥秘（那些地震将周围的建筑物夷为平地）：它被建得像一个圆底的玩具，地震的时候滚出去，地震过了又滚回来，回归原位。但是尽管这座塔幸存下来了，它作为宗教场所的功能却没有幸存下来。现在是政府官员在管理，我只待了一会儿，在寺庙里那棵有一千三百年树龄的老槐树下喘了口气，就回到朱雀街那些地方去了。

从小雁塔向南再走一公里，我把自行车停在大兴善寺的大门外。大兴善寺建于公元 3 世纪末，是中国修建的最早的一批佛寺之一。公元 7 世纪，隋文帝把它扩建成了都城四十多座寺庙中最大的一座——占据了整整一个区。一个世纪后，就是在大兴善寺，密宗首次出现在中国。这里是外国和尚住得最多的地方。公元 8 世纪，印度和尚善无畏、金刚智和不空都把大兴善寺当成了他们自己的家。这三个人都曾经是唐朝历代皇帝的宗教导师。不空的一位学生还教授了日本僧人空海，后来空海在日本创建了密宗。

密宗对于中国人来说，可能曾经是新的；但是就个体的修行而言，它与当时很多已经在流行的修行方法相比，并没有太大的差别，诸如重复神秘的仪轨、传送超自然的力量、观想法界的图像、普通的气功方法之外的男女双修，以及神通的修炼，等等。很显然，密宗的成功在很大程度上取决于早期密宗大师的神通力，而不是取决于它的技巧和教义。因此，当这些早期的大师们入灭以后，宫廷的兴趣又重新回到了道教和佛教的其他宗派身上。

今天，大兴善寺的密宗历史几乎被遗忘了，而它作为修行场所的功能也被其他功能所掩蔽——它被当作云游僧的旅店，以及陕西省佛教协会的驻地。有一次参观大兴善寺的时候，我与陕西省佛教协会的会长许力工居士做了交谈。许力工曾经出家几十年，但是“文革”期间被迫还俗。尽管政府的新政策保障宗教信仰自由，但是许力工仍然保持着居士身份。

通过一位中间人，我们约好在寺庙会面。但是在最后一分钟，我改变了主意。后来他的助手告诉我，在原来的约定时间，三个安全局的工作人员到了许力工的门口，在外面站了好几个小时，直到确定我不会来了才走。几天后，我通过更迂回的方式，又安排了一次约会，我们在他的房间里见面了，没有任何外来干扰。我问他陕西省住着多少出家人。

许：我不知道。出家人可以随意来去，哪儿有地方就在哪儿待着。我们没有统计。如果我们统计，每一个和尚大概会被统计四五次。还有，现在的年轻和尚可能会在寺庙里住一段时间，然后又回家住一段时间，然后又回到寺庙。有时候很难说他们到底是不是真的和尚。现在进寺庙的人，没有多少人抱定终身住寺庙的主意。

问：隐士怎么样？据我所知，终南山里有好多出家人，把他们一生中的一部分时光用来自己修行。

许：我也不知道有多少隐士。终南山里有隐士，至少已经三千年了。但是隐士有几种：道教隐士、佛教隐士和知识分子隐士。当然，我对佛教隐士更熟悉一些。但是即使在佛教里，也有不同类型的隐士。比方说净土宗隐士，通常终生隐居在山里。而禅宗隐士，可能会只隐居几年或几个月。禅宗隐士只在山里待到见道为止，然后他们就下山了。

但是在出家人成为隐士之前，他们通常要在寺庙里待上几年。比方说，很多和尚去扬州的高旻寺，在那里修行三四年。当他们终于在修行中找到入手处的时候，他们就去山里住茅篷。再住上三四年，迟早会开悟的。有些人花的时间要比别人长些。但是刚开始的时候，一定要住在寺庙里学习。你必须学习，然后才能知道怎样修行。

在佛教寺庙里，我们还有一个风俗，叫作“闭关”。比如说印光，他就在普陀岛上的一个关房里住了几十年。（印光大师在20世纪复兴了净土法门。）有几十年他没有见任何人。每天寺庙里的和尚把饭和水从他门上的窄缝里塞进去，然后倒掉他的便盆。他所做的一切就是坐禅和阅读经典。想修行，你不一定要去山里。

还有知识分子隐士。为了学习或写作，他们喜欢安静和孤独。

已经有很多人隐居在终南山里，有些是出于社会原因，有些是宗教原因，有些则是出于做学问的原因。

问：如果一个出家人想在本省隐居，他们要向协会登记或者征得其同意吗？

许：不，任何想当隐士的人都可以自由地这样做。他们不必告诉我们或者政府。他们想住哪儿就住哪儿。

问：协会起什么作用？

许：在处理与政府的关系的时候，我们代表本省的寺庙。我们也给出家人提建议，诸如怎样组织宗教活动，哪些活动是允许的，以及在什么地方可以举办这样的活动，等等。中国自古就有佛教协会，还有道教协会。每一个县和每一个省都有一座特殊的寺庙或道观，负责管理宗教事务，全国也有一座这样的寺庙或道观。只不过现在我们使用“协会”这个词罢了，但是它的功能没有变化。我们料理由单独一座寺庙无法独力完成的宗教事务，或者帮助解决发生的其他问题。

问：这些寺庙属于谁？

许：它们属于管理它们的委员会。一个寺庙委员会可能包括二三人或二三百人不等。委员会决定怎样筹集资金和分配资金，是否维修寺庙或者买新毯子等诸如此类的事情。任何住在寺庙里的人，都是委员会的一员。每一座寺庙管理自己的事务。协会不介入，除非我们受邀帮助解决某个问题。

问：学校里上佛教课吗?

许：小学和中学里没有，但是有几个大学有佛教课程。过去我们也上课，但是被迫中止了。最近很多人要求我重新开课。我们一筹集够买书本材料的资金，就准备开课。几乎每个省都有某种形式的佛学院。我想现在有二十多所了。我们陕西省还一所也没有，但是我们希望将来能有。

我与许力工的会面是在1989年的秋天。第二年3月下旬，我又一次拜访了大兴善寺。我走过几树迟开的杏花、一大片连翘和一棵已经准备好迎接夏天的古老的葡萄树，来到后面的大殿。在大殿里面，我遇见了寺庙的方丈慧玉（音译)。他七十八岁，自从四十年前从河南省过来以后，就一直住在这座寺庙里，已经出家五十年了。尽管他对自己的坏膝盖做了让步，拄了一根拐杖，但是他仍然精力充沛，几乎用不着陪护左右的那几位弟子。他说，寺庙里的常住和尚有二十位，不过加上云游僧，常常达到一百人。

慧玉的眼睛总是半闭着，这说明他花大量的时间打坐，而且他特别爱笑。我想他可能是一个禅宗和尚，可是他却谈起了净土宗的修行。他说，中国仍然有开悟的大师，只不过不像以前那么多了。很不巧，他要出席一个会议，因此我们的谈话很简短。但是在弟子们催他离开以前，他建议我去拜访南五台的隐士。在古代，南五台通常是朱雀街上那些向往林泉的云游者们落脚的地方。我谢过了他，向大门口走去。

去年 9 月，在出门的路上，我曾经驻足观看一场由陕西省气功协会举办的气功治疗表演。气功协会从大兴善寺租了一栋楼做医院，同时作为全省气功协会的所在地。在里面，一位穿着白大褂的年轻人正绕着一个妇人转圈。她闭着眼睛，在疯狂地旋转，时而呻吟，时而大喊大叫。年轻人用手引导着，仿佛在控制她的运动。我看了大约二十分钟，但是这个场面看起来似乎永远不会结束似的，于是我走了。

距离那次的表演已过了六个月，这一次，我决定停下来进去治治病。自从回到中国以后，我的胳膊上长了一种疹子，它顽固地抵抗着两位普通医生所开的各种药片和软膏。我登了记，付了相当“昂贵”的医药费——三十元人民币，也就是六美元。

医生的名字是何建新（音译）。除了治病，他还是中国国家气功团的团长。这个气功团在各国巡游，用练气功练出来的特异功能，使各国观众目瞪口呆。“气”是一种能量，它是空的，既存在于体内，也存在于宇宙中。何建新给我两只手都切了脉，然后说，这疹子没什么，只是受了风而已。他让我站着，两腿分开，闭上眼睛，然后开始围着我转圈，哼哼着，用他体内气的运动，做出搅动声和嘶嘶声。这样做了几分钟之后，他让我坐下来，然后开始往我体内扎针灸用的针：在我的拇指和食指之间、脖子后面、胳膊上、膝盖上，以及脚踝上。然后他让我闭上眼睛呼气，我仿佛是一只被针扎了的轮胎。

当我坐在那里“漏气”的时候，他给其他病人治疗，偶尔回来捻弄一下那些针，并喊叫着把他的气泼洒在四周。最后，他给我开了一种草药。两天后，疹子消失了。

在此期间，我决定采纳慧玉的建议。我把自行车换成了一辆小汽车和一位司机，然后沿着朱雀街的现代化身长安路，向南五台进发。长安路在它的古代副本东面的一百米处。

从大兴善寺向南走两公里，我们在杨虎城将军墓前停下来。他的墓保存得很好。20 世纪 20 年代，杨虎城曾经从地方军阀手中解放了西安，并保护了西安不受地方军阀的侵害。后来他协助张学良拘禁了自己的总司令蒋介石。在古代，旅行者们在这里逗留，是为了参观牛头寺。但是现在它已经不在了。此外，他们在这里逗留，还为了参观中国最伟大的诗人杜甫的祠堂。

公元 712 年，杜甫出生在邻近的河南省。但是他的祖辈却住在长安南面的少陵原，后来他的创作高峰期大部分是在这里度过的。实际上，他把自己称为“少陵野老”，并把他的诗集用少陵来命名。公元 770 年，当杜甫在长江南岸漂泊的时候，他去世了，被埋葬在湖南省的长沙附近。他死后大约一百年，为了纪念他，有人在这里建了一座祠堂。从那时候起，这座祠堂已经被重修过几次了。

我爬上杨将军墓后的山坡，去参观杜甫祠堂的现代版本。它建于 1960 年，但是已然被委弃给了荒草和小鸡。在旁边的一栋建筑物里面，我找到了正在切菜的管理人员。他出来了，给祠堂开了锁。

在一座空荡荡的大殿中间，有一尊落满尘土的杜甫石膏像，手里握着一片他生前从来没有拿过的玉笏。还有一尊刻在石头上的肖像，它甚至更脏，而且到处是蜘蛛网。

在外面，沿着一条油漆剥落的走廊，我浏览了几块明清两代纪念重修这座祠堂的石碑。很显然，大约每两百年左右，就有人想复兴这座祠堂。但是同样很显然，这样的意图是短命的。将军的生活过得比这个国家最伟大的诗人好。

我们继续向南又走了一公里，再次停下来。在一所学校的后面，就在少陵原西边的下面有两座塔，它们是华严寺最后的遗迹。华严寺始建于公元 10 ~ 12 世纪，是中国佛教华严宗历代祖师的驻锡地：杜顺、智俨、法藏、清凉以及宗密。宗密是华严宗的第五代祖师，也是最后一位祖师。

华严宗的教义是以《华严经》为基础的。根据佛教传说，《华严经》是佛陀觉悟之后第一次讲的法。当他的听众无法理解其含义时，佛陀就把它搁置到一边，开始倾向于比较简单的教法。这部经的中心意思是，宇宙中的每一件事物，不管是本体还是现象，都是互相联系的，因此是空无自性的。因为空无自性，所以每一件事物都与法是一体的，每个人都与佛是一体的。

为了说明这一点，有一次三祖把一尊佛像放在中间，在它周围四面八方都摆满了镜子，每一面镜子不仅映现出了佛像，而且还映现出了其他镜子的影像，如此重重无尽。想象一下，不管你朝哪儿看，都能看到一尊佛。

华严寺遗塔

这是一个一流的哲学问题。但是在宗密圆寂之后三年，也即公元 844 年，“武宗灭佛”使华严宗走到了尽头。一千年后，在少陵原的边缘地带，除了安放着初祖和四祖舍利的两座砖塔以外，其他一切残存的建筑物都被砸烂和扫荡光了。有人告诉我，重修寺庙的计划正在进行中，可是我没有看到一点儿迹象。除了农夫和渡鸦，没有任何人光顾这个地方。

我向下滑回到少陵原上，回到车里，继续向南开。七公里后，路分岔了。左边的路通向兴教寺，右边的通向南五台。我们沿着西边的那条路，向着南五台苍蓝的山岭开去。

过分岔口后六公里，左边出现了另一条路。这条路通向太乙宫村，这个村子是因汉武帝在村中所建的一座道观而得名的。汉武帝经常到这里来礼拜太乙真人，当时太乙真人是道教万神殿里最高的神。现在这座道观早已不在了。这条路向南延伸到太乙谷中，并分出一条岔路上了翠华山。现在路两边都是军事设施，于是我们待在主路上。

行驶了三公里后，在南五台村，我们调头向南。继续又开了一公里，来到山脚下的弥陀寺。弥陀寺是一个建筑大杂烩，透露出它混乱的历史。我们进去的时候，我情不自禁地注意到了前面大殿附近的一棵巨大的、古老的木兰树。另外还有一棵长在后面的院子里。它们一起给大殿蒙上了一层洁白的花瓣，散发出一股微妙的芳香。大殿本身完全被一尊花花绿绿的弥勒佛的石膏像所占据了。它是那样的鲜艳刺激，似乎在乞求红卫兵回来。

后面的大殿是一个受人欢迎的反衬。里面没有常见的供桌或佛像，一座塔占据了大殿的中心。塔周围及沿着四墙排列着五百罗汉的石雕。它们的工艺是一流的。后来我了解到，是香港的佛教徒从南方的沿海城市汕头雇了八个石匠，来干这个工程的。这个工程花了他们两年的时间。塔旁边的塑像里面，有我的老朋友寒山和拾得。

我被这些石雕深深地打动了，几乎没有注意到地上铺着成千上万的木兰花萼片，或者说花壳。后来，方丈告诉我，木兰花萼片可以做治疗鼻窦炎的药。和尚们准备一等天气好转，就把它们放在外面晾干，然后卖掉。

出去来到院子里，我探头往一间侧室里望去，看见了我六个月前见过的方丈。他一见我，就哈哈大笑起来。我从来没有遇见过比他更爱笑的和尚。我觉得，他说话从来没有超过两三句，就会停下来咯咯地笑。他的名字叫德成，六十九岁，是在长安县长大的，原来是个农民，三十岁的时候出家了。在一座寺庙里学习了几年之后，他成为沣河河谷上面观音山顶的一个隐士。六年后，他搬到谷口附近的净业寺，最后成为净业寺和附近的丰德寺两个寺庙的方丈。他说，“文革”前，净业寺有四十位和尚，丰德寺有六十位尼师，而东沟的四十八座茅篷里，很多都住着隐士。

1985 年，省佛教协会请德成接管弥陀寺。他说，他刚来的时候，这里什么都没有——没有和尚，没有大殿，什么都没有。大殿在“文革”期间被砸烂了，剩下的建筑物被政府官员和士兵占用了。他想方设法使他们都搬了出去。从他几乎不断的笑声中来判断，我敢肯定，这一点，他不是通过对抗的方式办到的。我问他，人们到他这儿请求开示的时候，他教人们什么，他的回答不时地被频繁的笑声所打断。

德成：我教各种各样零星的东西。你提吧。任何看起来合适的东西。一点儿这个，一点儿那个。这差不多是修行的全部。你不能只修一种法。那是一个错误。法不是片面的。你必须修禅。如果你不修，你永远也不能突破妄想。你还要持戒。如果你不持，你的生活就会一团糟。你还要修净土。如果你不修，你永远也不可能从佛那里得到任何加持。你必须修所有的法。

这就像生火。你不但需要火种，还需要木柴和空气。少了一样，你就没办法生火。开悟也是一样。它是一个体系。所有的法门都是互相联系的。你不能省掉哪一个法门。心含万法。你无法舍掉任何一法。在心外你得不到任何东西。心要专一。只能容纳下一个念头，没有妄想，没有任何其他的东西。在禅宗里，你没有念头。在净土宗里，你有一个念头。它们都是一样的。它们的目的都是要把你的本来面目指给你看。

我们也谈到了终南山。像兴教寺的方丈和台湾的杜而未教授一样，德成也是这个观点，即终南山一直延伸到印度。他觉得那也很可笑。本来我想跟他多谈一会儿，但是我累了，打起了呵欠。他建议我休息，于是我把车和司机打发回西安。然后他把我领到一个房间里，这个房间住着他的一位弟子。

这位弟子是一位比丘，名叫性空。他二十八岁，行动像一个年轻女孩儿一样优雅。在他床边的桌子上，有一尊白瓷的毛泽东半身像。我不禁感到疑惑：它在寺庙里干什么。他看见我盯着它，告诉我说，他的父母曾经是高干。“文革”中期，他还小的时候，他们都去世了，他由亲戚抚养长大。从北大毕业以后，他开始在一家国际贸易单位工作。他曾经去过美国、加拿大和欧洲。他是我所遇见过的第一个能讲一点儿英语的和尚。

他说，两年前的一天，他与一些朋友一起到弥陀寺来参观。晚上在这里过夜。那天晚上，大悲观世音菩萨出现在他的梦里，并给他传了法。第二天早晨，他让朋友们回北京去了，自己留了下来。

当他到屋外去几分钟的时候，一位女居士给我端来了一碗面条。她悄声告诉我，性空可不是个普通和尚。他有神通。他是一个活佛。她说，自从性空到寺院后的两年里，他已经通过虔信经典治愈了五千多人的病。性空一回来，她就离开了。几分钟内，我就睡着了。那天夜里，我没有梦见观音；我所听到的唯一的声音，就是老鼠们在追逐嬉戏。

第二天上午早饭后，性空把一只装满了僧衣的箱子给我看。那是他在这两年里断断续续为这一带所有的隐士做的。这些僧衣一定有五十多件，各种各样的颜色——有一件甚至是翠绿色的。他说，他是用治愈的病人留下的钱买的布料。然后他说，几分钟后，病人们会在他的门外排起队来，因此他建议我离开。但是在此之前，他给了我一些选票，让我带给去南五台沿路的几位出家人。他们都选择了性空做他们在当地村委会的代理人。

我告辞后，开始沿着台沟往上走。山路就从寺外开始。夜里气温已经降到了零下，台沟被雾半掩住了。我所能看到的一切只有石阶。大约两公里后，我来到了卧佛寺。两棵古老的槐树守卫在寺前。

在卧佛寺里，我与两位七十岁的老和尚传心和法依攀谈。但是他们的方言我听不太懂，因此我们只是互相做了介绍，就再也没有什么可做的了。我把他们的选票给了他们，他们把寺庙后面的一些台阶指点给我。

这些台阶通到一个山坡上，山坡上长满了冷杉，那是森林服务队最近才栽的。大约三百米以后，台阶在半山腰上中断了。那里是百塔塔院的遗址。名字是“百塔”，但是只有一座塔仍然矗立在那里。那是印光的塔。印光，还有虚云，都被认为是20世纪最伟大的大师之一。虚云革新了中国禅宗，与此同时，印光革新了净土宗。听过他讲法的人都说，那些讲法是空前绝后的。他的塔是空的，他的舍利已经被从中取走了。塔门上是他的名字，是于右任题写的。于右任是20世纪中国最著名的书法家。他自己的坟墓就在我在台湾所住的那座小山上面。

塔周围是一片落叶松林，那是日本田中首相的礼物。在它们被种到这里的十五年间，已经长到大约八米高了。南面，就在松树林的上面，有一座巨塔。6世纪末的时候，就是这座塔使这个地方成为一个塔院的。它是长安地区的第一座巨塔，比玄奘的大雁塔要早五十年。塔旁边是圣寿寺，在那里，我与两位常住和尚中的一位进

印光塔

行了简短的交谈。在里面，曾经用来封过塔门的刻有印光大师像的石雕，断成了两半，靠在一面墙上。

我回到主路上。接下来的两个小时里，我经过一个又一个废墟。南五台在长安正南，早在隋唐两代，就已经成为这个地区主要的佛教中心。一直到明清两代，它还依然很兴旺。19 世纪末，去顶峰的沿途还有七十二座寺庙。现在只剩下五座了，而且都是重修的。20 世纪 60 年代，当“文革”席卷中国的时候，所有站着的东西都被红卫兵打倒了。

就在卧佛寺上面，山路延伸出了山谷，与一条大路交叉了。红卫兵开始摧毁寺庙的时候，大约与此同时，森林服务队开辟了那条路。我第一次到这里来的时候，是与史蒂芬一起开车上来的。这一次，我留在山路上，几度横跨那条大路，最后终于到了停车场，走上了史蒂芬、我，还有我们的司机六个月前爬过的那些石阶。

大约五十米后，我路过火龙洞。火龙洞里曾经住过一条龙，它常常出来骚扰长安居民，后来观世音菩萨把它抓住了，拴在山上远处的龙桩上，把它碾成了粉末，并且把粉末撒到了渭河里。

除了一间小小的大殿以外，这个洞空空如也，于是我继续向前走。几分钟后，一个东西一声长吼，我僵住了。我突然想起我在火龙洞没有上香。之后，我又听到了一声吼叫。那不是龙。但是我的呼吸并不能因此而变得轻松一点儿——那是一头熊。

我从上一次参观中得知，沿着这条山路往上走大约十分钟，有一座旅馆，于是我加快了脚步。我又听见几次吼声，但是它听起来似乎变得越来越微弱了。当我终于到达旅馆的时候，管理人员说，那头熊刚刚走。也许它刚才一直在抱怨这座旅馆的垃圾质量吧。到处都是荒草。而且，除了那个管理人员之外，这个地方一片荒凉。它是最近在刘澜涛避暑别墅的遗址上建起来的。“文革”前，刘澜涛是中国西北五省的中共书记[①],也是中国最有权力的人物之一。“文革”时，他被打成了走资派。我对刘澜涛选择风景的眼光表示欣赏。

我给了那头熊足够的时间让它离开，然后继续沿着山路往上爬。大约一公里以后，我在紫竹林寺停下来。去年秋天，当史蒂芬和我爬上来的时候，一些年轻和尚正在重修前门外的那段山路。方丈给了我们两块西瓜，抱怨说，来爬这座山的游客太多。

这一次，山上还有残雪，而我是唯一的游客。方丈欢迎我回来。他的名字叫演成。他六十六岁，与另外三位和尚和几个居士一起住在这座寺庙里。来南五台以前,他曾经住在西面六公里处崆河（音译）河谷上的一座茅篷里。我和史蒂芬第一次爬上南五台的时候，我们的司机曾经落在后面，听演成讲他和其他的和尚在山上干什么。我问演成他跟司机说什么了。

演成说道 :“我在谈坐禅。我解释我们怎样首先念佛来安心。心只有安了才能静。然后我讲解我们怎样通过问‘念佛是谁’来静心。心只有静了才能止。然后我解释我们怎样通过舍掉佛号来止心。心只有止了才能观。心只有能观，才能达到玄之又玄的境界。我告诉他，这是任何一位修行人都不得不经过的历程。要花多长时间，取

---

① 1960 年 11 月至 1966 年 10 月任中共中央西北局第一书记。——编者注

决于修行者本人。它就像沿着一条路往前走。这条路不停地变化着。有时候好走，有时候不好走。但是对于修行人来说，住在山里要比住在城市里容易得多。在局外人看来，我们的生活很艰苦，但是我们本来就不在意舒不舒服。我们到这儿是来修行的。而修行是不拘形式的。大多数游客认为我们只不过是穷和尚而已。”

大雾使得时间显得比实际时间要晚，因此我只待了一会儿，喝了一杯茶，吃了一碟油炸麻花，给演成拍了一张他师父的塔的照片——那是这座寺庙塔院里仅存的三座塔中的一座，然后就走了。

我继续走了半小时。左边分出三条岔路，通向附近的组成南五台顶峰的五座山峰——南五台就是因为它们而得名的。

五台中最高的一台海拔将近两千四百米，被称作大顶或观音台。隋朝的时候，人们在大顶上建了一座寺庙，它是终南山这一带所建的第一批寺庙之一，被称作圆光寺。高鹤年最后一次去南五台的时候，是在 1914 ~ 1915 年冬春之间。他从龙桩那儿往下看，恰巧看到圆光寺着火了，那是香火太盛的结果。这个情景使高鹤年联想到生命的短暂，和我们试图建立起某种永恒的东西的努力。最好是建立起一颗空的心。

雾太大了，几米以外就看不见东西了，我决定不去那些山上了，于是继续向前走，翻过山岭，从另一面下去。十分钟后，我到了大茅篷的大门口。像这座山上所有其他的寺庙一样，大茅篷也是最近才重修起来的——它终于等到了好日子。它始建于 6 世纪，当时被称作西林寺。后来，它成了这座山上所有隐士聚会的地方，于是人

南五台沿途风光

们开始叫它“大茅篷”。

我第一次来的时候，曾经见过这座寺庙的住持德三。他七十四岁，北京人。当他还是个孩子的时候，他的父亲失业了，于是请求北京广济寺的和尚照看他的儿子。德三出家的时候，才十岁。长大以后，他受了具足戒，成为一位比丘。后来，他行脚到了南方，在宁波和广东的佛学院里学习。之后，他游遍了全中国，跟各地的大师学习，自己也创建了几座佛学院。晚年的时候，也就是 1985 年，他来到终南山。他说他不准备再动了。我问他为什么选择了这一带。

德三：对于一个出家人来说，最重要的事情是精神上的修炼，为此他需要一个安静的地方。这座山很安静。在中国，我们有几座山，大多数和尚都是为了修行去那里的。这儿就是其中的一座。在这里，出家人修行要靠自己。自唐朝以来，这一带就已经成为那些想致力于宗教修行的人汇集的中心。

问：现在怎么样？

德三：自从十年前政府宣布了新的宗教政策之后，几乎到处都恢复了宗教活动。虽然出家人不像以前那么多，但是情况正在慢慢好转。

问：这里怎么样？

德三：很多出家人来这里是为了看看，真正待下来的没有几个人。我们这里只有四个人。除了在大殿里上早晚课以外，我们都各修各的。

问：你们怎么养活自己？

德三：西安和上海的居士一直在帮助我们。在这方面我们没有任何问题。

问：南五台上隐士多吗？

德山：不像过去那么多了。20世纪50年代，我去南五台的时候，有七十多位出家人住在山这面（山南坡）的茅篷里。现在只有十几个了吧。

问：政府介意吗？

德三：不介意。只要他们跟西安的佛教协会登记，他们想住哪儿就可以住哪儿。

问：他们怎么养活自己？

德三：他们自己种菜、拾柴。其他的生活必需品，他们大多数人都靠在家人或亲戚。

问：你们在这里受游客干扰吗？

德三：不，来这座山的人不多。从西安到这儿花的时间太长了。

等到了这儿，他们就该回去了。另外，我们也不像有些寺院那样卖门票。人们可以来这儿拜佛，但是作为游客不行。

问：你修什么法门？

德三：禅宗。我们遵循禅宗的教义。大部分来这里的和尚都曾经在大寺庙里住过，曾经练习过集体坐禅。在这里我们都自己坐禅。如果哪个和尚有什么问题，他就来问我，我会尽量帮助他。就这些。

问：任何人都可以待在这里吗？

德三：一般来说，他们必须有我们认识的人介绍。之后，他们还要忍受一段训练期，以便看看出家生活是否真正适合他们，然后我们才能接受他们作为弟子。

问：新弟子的悟性比过去是不是浅多了？

德三：是的，但是人可以学啊。真正的问题是没有多少像我这把年纪的和尚来教他们。要契入最深妙的佛法，弟子们需要一位经验丰富、学识渊博的老师。对禅宗来说，这一点尤其重要。

这一次我来大茅篷的时候，德三已经不在了。他在西安的一家医院里，估计回不来了。他的一位弟子已经接管了寺庙。他的名字叫宝胜。他四十四岁，与另外两位和尚一起住在大茅篷。那两位和尚去西安看德三，要待几天。还有一位从浙江来的云游僧。“文革”前，大茅篷里住着五十多位和尚。

互相介绍之后，喝了一杯茶，宝胜邀我在这里过夜。我高兴地接受了，但告诉他，我会在几个小时后回来。我想去看看慧圆。慧圆是我六个月以前遇见过的一位比丘尼。

高鹤年游览南五台的时候，也曾经在大茅篷逗留过，白天去那些山峰和附近的茅篷参访。在一次旅途中，他走了我现在正在走的这条路，并且拜访了湘子洞、老虎窝和龙桩的隐士。

过大茅篷几百米后，我也在湘子洞停下来。唐朝的时候，道教仙人韩湘子曾经住在这里。现在里面住着一位佛教居士，但是除了佛号，他对一切都不感兴趣，于是我沿着山路继续往下走。不久，我经过龙桩的遗址，然后这条路分岔了。主路通向太乙谷和翠华山。据说有六位和尚住在翠华山上的天池寺。右边这条路通向慧圆的茅篷。

当我穿过浓雾往山下走的时候，一只鸟儿从旁飞过——它的身体像一道蓝白色的闪电，它的尾巴完全是黑色的。周围到处都是旋转着的雾气，我所能看见的只有脚下的那条路。8 月份的时候，草木是如此青翠繁茂，使得这里几乎呈现出一派热带风光。现在却到处是枯枝败叶。大约三十分钟后，我终于到了慧圆的茅篷。为了把它与大茅篷区别开来，它被称作小茅篷，也叫净土茅篷，以显示出它是一个净土道场。

史蒂芬和我第一次来的时候，大门是锁着的，我们不得不等了五分钟，直到慧圆的弟子下来把门打开。这一次，门是大敞着的。

我很惊讶。六个月前，我曾经从慧圆的菜园和花园中穿过——那是我在山里所见到过的最漂亮的菜园和花园了。现在是 3 月下旬，浓雾弥漫，气温在零度以下。唯一的生命迹象就是苹果树上的芽苞。

当我走近茅篷的时候，我喊了一声“阿弥陀佛”。慧圆的弟子出现在门口。她叫乘波，三十五岁。十年前的一天，她与几个朋友来看慧圆，之后就决定出家了。几个月后，她真的出家了，慧圆同意接受她作为弟子。她微笑着，掀起挂在门口的白门帘，领我进去。我大吃一惊。六个政府官员正靠在粉刷过的大殿墙上。我进去的时候，他们差点儿把香烟扔了。还没等我们双方反应过来，乘波迅速地带着我穿过另一道门帘，来到慧圆的卧室里。

慧圆正盘腿坐在炕上，盖着一条毯子。光线透过两扇玻璃窗照进来，粉刷过的土墙上贴着挂历风景画和几张老照片。慧圆是中国东北的哈尔滨人。她七十一岁，十六岁的时候就出家了。1955 年，她与另外一位尼师慧英一起来到南五台。到了之后不久，她们就搬进了这座茅篷，这是搬到嘉五台去的一位隐士空出来的。她们一直住在这里，直到红卫兵来了，强迫她们离开。她们在山下弥陀寺的佛教劳改小组干了没多久，就回来了，在自己的菜园里干活、念佛。1981 年，慧英圆寂了。

慧圆邀我到炕上坐。我告诉她所有关于嘉五台和沣河河谷隐士的消息。最后，我问她，那些官员来她的茅篷做什么。

慧圆：他们只是想来看看我，想知道我是不是需要什么东西。

这种事儿还是头一次发生。我不知道这是什么意思。

问：上一次我来的时候，您告诉我您十多年没有下山了。您最近下山了吗？

慧圆：没有。我不想再下山了。首先，我太懒了。其次，我病得太重了。我走不了那么远喽。我哪儿也不想去。我整天就是吃饭和睡觉，然后就坐在这儿。

问：您需要买东西的时候怎么办？

慧圆：我有一个妹妹在广东工作。她来过这里一次，时不时地给我寄点儿钱。我不需要多少钱。我自己种菜，用她给我寄的钱买面粉呀、食用油呀这样的东西。我的弟子下山把东西背上来。我们吃得不多，只吃早饭和午饭，不吃晚饭。

问：您这儿通邮吗？

慧圆：通，有一个邮递员，大约每星期来这座山一趟。

问：那么您有地址啦？

慧圆：是的，长安县，石砭峪镇，净土茅篷。

问：您修哪种法门？

慧圆：努力活着就够我忙活的了。但是我每天天亮前起床，诵《法华经》和《地藏经》。晚上我打坐念佛。修行要靠个人。这是我的修行。

问：您为什么住在这些山里?

慧圆：我喜欢安静。哪一个出家人都喜欢安静。能够弘法的出家人住在城市里。我不能弘法，所以我就住在山里，自己修行。

问：您的健康状况怎么样?

慧圆：不太好。背东西上山，开地种菜，把我累坏了。去年我开始吐血。一个女居士带着一位医生来看我，他给了我一些药。现在我好些了。但是从三十岁起，我就得了一种慢性病。现在我只是在变老。

问：您怎么过冬?

慧圆：我不在乎冬天。外面虽然冷，但是我们有足够的木柴。风不会透过门窗进来，而且我的床是炕（一种土坯床，里面建有炉子)。我喜欢冬天。它正是坐禅的好时节。

我们一起喝了一壶茶，我给了她一张照片。那是六个月前，在她的一棵苹果树旁，史蒂芬给她照的。出去的路上，我把她们的选票也给了乘波，还有她妈妈让我带下来给她的一些吃的。她妈妈正在大茅篷的斋堂里帮忙，要待几个星期。我告辞后，开始往回走。

慧圆和她的弟子在她的苹果树旁

天气是那样的寒冷，我甚至没有出汗。

回到大茅篷，宝胜已经把他旁边的床收拾好了；然后乘波的妈妈给我们端来了大碗的面条当晚餐。后来，我蜷缩在半打棉毯下面睡着了。夜里有几次，我翻身的时候，发现宝胜坐着。他整夜都在打坐。第二天上午，我向他请教修行的事情。

宝胜：有些和尚诵经，有些坐禅。但是要坐禅你不一定得坐着。当我师父太老、不能再坐了的时候，他就躺着修禅。但是不能仅仅因为某些人在坐禅，就认为他们在修行。这句话你可以告诉那些修行人。修行人所做的一切、所说的一切都应该指向同一个目标。他们不参与闲谈或无聊的活动。这不仅仅是我的观点，也是禅宗师父们在禅堂里所开示的内容。我可以坦率地告诉你，真修行的人太少了。至于我自己，我不怎么修行。我晚上打坐，白天干杂活儿。我只是在照管这座庙。

问：你有没有听说过，这座山里的出家人，有哪一位修得比较深入？

宝胜：我听说有几位和尚住在一个叫天池的地方（不是附近翠华山上的那座重名的寺庙）。我从来没去过那儿，它的位置我也不太确定。但是我听说过它在这里西南大约十五公里的石砭谷上面。我听说住在那里的几位和尚完全与世隔绝，他们正在闭关。我不知道谁在护关，也许是其他的和尚或居士吧。

问：你种的菜够养活自己吗？

宝胜：不一定。即使天气好的时候，也有那么多松鼠、老鼠和其他的野生动物，很难种够自己吃的。很多出家人都来这些山里看过，但是没有多少人能待下来。这不容易。只有真修行的人才能住下来。

问：你出家多长时间了？

宝胜：我出家才三年，但是我修行很长时间了。很多年前，我卖掉了在西安的房子，搬到了一座寺庙里。但是那个方丈对我很差。

不管什么时候有人批评我，我都不在乎它是否公正。我现在还是这样。我总是反省自己。但是我跟那个方丈之间矛盾重重，最后我就走了，搬到了清凉茅篷。清凉茅篷离慧圆茅篷有一个小时左右的路程。但是我住在那里的期间，病得很厉害。我一定是吃了什么有毒的东西。我太虚弱了，都动不了了，整个身体肿得像个气球。本来我可能会死的，但是不知道从哪里冒出两个居士，他们照顾我，直到我恢复健康。他们一定是菩萨。此前我从没有见过他们，此后也再没有见过他们。后来，等我能走的时候，我就回了西安的家，去恢复身体。有三个月，我不能吃普通的食物。我母亲去世后，我又一次离开家，回到山里。这一次我找到了一位好师父，跟他学了几年，直到他圆寂。

我被宝胜的真诚和纯朴所打动，希望有更多的人对他们自己和别人像宝胜一样诚实。我们在寺庙门口道别。几秒钟后，他成了一个黑色的人影，渐渐消失不见了。

我翻过山岭，从北坡下山，走过那三条岔路——它们通向那些云雾缭绕的山峰。我走过紫竹林寺，走过那座空的旅馆，走过火龙洞。路很好走，但是浓雾和刺骨的寒冷使山路变得又湿又滑。当我到达停车场的时候，我决定，剩下的路程从那条大路往下走。

六个月前，太阳落山后，当史蒂芬和我沿着这同一条路驱车下山的时候，我们看见了一只巨鸟，正屹立在路边的一块岩石上。它被我们的车头灯晃得看不见东西了。我们停下车。当我打开车门的时候，它突然展开了翅膀。这对翅膀足有六英尺长，而且是红色的。我们还没来得及看清它的脸，它就消失在黑暗中。这一次，我所看见的，只有山。

第九章　走过销魂桥

在中国古代，人们走得最多的路，是那条连接着西都丰、镐、咸阳、长安和东都洛阳及中原之间的路。这条路当时被称作洛阳路。它从终南山脚下绕过，也是很多想当隐士的人决定永远离开长安时所走的路。

我租了一辆车，从西安东门出发，沿着这条路向东开了十公里，来到灞河。在古代，灞河是旅行者所遇到的第一个主要障碍。春天的时候，灞河能变得有一里地宽。尽管据说早在公元前 7 世纪时期，就已经有军队渡过了灞河，可是直到公元前 3 世纪，当秦始皇来这儿为他的一位将军送行的时候，历史记载中才第一次提到了一座桥。

在古代，任何有时间的人，都可以来灞桥为他们东行的朋友或同僚送行。很多个世纪以来，它也以"销魂桥"而闻名——它是中国古代最著名的送别地点，也是一百万首涉及柳树的诗的背景地。

直到当代，在灞河两岸，向南北各延伸出几公里，还一直种着垂柳。晚春时节，柳絮像雪一样在空中飞舞，成为长安八景中的又一景。在汉语里，"柳"这个字与"留"字同音，因此那些留下来的人就折一枝柳条送给那些离开的人。它是最有意义的临别赠物了，也是每个人都出得起的礼物。现在那些柳树都不见了。几十年前，在一项治洪工程中，它们被砍掉了。

那座桥，或者至少是它的一个近代版本，却幸存了下来。它建于1834年，就建在自公元6世纪末以来人们一直使用的同一地点。今天，它是交通车辆进西安的通道。至于东行出西安的小汽车、公共汽车、卡车和驴车，则走南面两公里处的一座新桥。

在古代，很多寻求幽居的人就在这里停下来。他们不过灞桥，而是在灞桥和南面的白鹿原之间的灞陵安顿下来。

这些小山最初是因为汉文帝而出名的——汉文帝选择了它们作为墓地。汉文帝是一位很罕见的国君，他只想过得像隐士一样快活。他对于俭朴的热爱几乎是传奇性的。他在宫廷里穿草鞋。他在遗嘱中提到，与他同时代的人花巨款修建精致的坟墓，因此他要求自己下葬的时候，只带最少量的陪葬品，而且坟墓中不能有任何比陶器更贵重的东西。按照他的愿望，公元前157年，他被葬于灞陵。

就在灞桥前，我们掉转车头，向文帝陵开去。行驶六公里后，我们停下来。从路上望过去，白鹿原像两只展开的翅膀，延伸到一个鸟嘴形的小山处，那座小山正指向天空。文帝陵就在那鸟嘴形的小山下面。一位农夫给我带路。

山下是过去的祠堂所在地。九块最近出土的明清两代的石碑标明了地点。农夫说，红卫兵来这儿之前，这儿有四十多块石碑。他们还砍倒了一棵柏树，那是汉文帝下葬的时候人们种的。农夫回忆起小时候爬这棵柏树的情景。陵墓本身在石碑上方的一座小山上，距灞河大约有五百米。我来的时候正是3月中旬，山坡上种了几百棵杏树——杏树象征着长寿——洁白的落英在地面上铺了一层。

回到路上后，我们驱车往回向灞桥开去。路上经过一个队伍：

几十位村民排成一列走着。白布孝带缠在头上，从后背拖下来。这是一个送葬队伍。这正是汉文帝所欣赏的那种葬礼。

回灞桥的半路上，在毛窑院村附近，我注意到，在离路不到一公里的地方，有一列凿在黄土高原里的六个窑洞。其中的两个已经安了门。西安地区的农舍门通常是黑色的，镶着细红木边儿。这些门整个是红色的。我们停下来，我用望远镜观察那六个窑洞。我看到每一扇门上都贴着“南无阿弥陀佛”和佛教吉祥标志的横幅。在附近的一块农田里，我问一位农夫那里是不是有人住。他说，几年前，有两位比丘尼和十几位女居士搬进了那些窑洞里。她们把她们的住地叫作老洞庙。

两千年来，灞陵地区一直吸引着渴望隐居的人。梁鸿就是这样一个人。公元 1 世纪，他曾经住在这里。他过去一直在终南山麓放猪，有一天，他的篝火失去了控制，烧掉了另一个人的财产。为了赔偿损失，梁鸿把他的猪给了那个人。

关于梁鸿诚实的故事传遍了这一带，于是有几个富裕家庭表示愿意把自己的女儿嫁给他。梁鸿婉拒了，说他更愿意一个人生活。不过，当地有一家人，他们的女儿长得异乎寻常的难看：又胖、又丑、又黑。她也很强壮，强壮得能举起一盘石磨。这最后一项美德吸引了几位求婚者，可是她都拒绝了。她说，她只愿意嫁给像梁鸿一样的贤者。梁鸿听说这件事之后，马上娶了她，带着她一起住进灞陵的山里。在那里，他们靠耕织为生。闲暇时间，梁鸿以弹琴作诗自娱。他曾经写过一系列二十四首的组诗，咏历史上的隐士（已佚）。

几年后，梁鸿和他的妻子迫切地想搬家。他们过了销魂桥，向中原走去。当他们经过北邙的时候——北邙是洛阳著名的北山墓地——梁鸿作了下面这支歌儿：

陟彼北芒兮噫，

顾览帝京兮噫，

宫室崔嵬兮噫，

人之劬劳兮噫，

辽辽未央兮噫。

另外一位曾经住在灞陵的隐士是韩康。公元2世纪，韩康住在这里，靠采草药为生。他在长安卖草药，言不二价。他这样做了三十多年，直到有一天，一位年轻姑娘来向他买草药，韩康拒绝讨价还价，姑娘火了。她说："言不二价，你以为你是谁，韩康？！"韩康叹息道："我一直想保持默默无闻，但是现在连年轻姑娘都知道我的名字。卖草药还有什么用呢？"他回到灞陵，再也不去长安了。但是人们却没有忘记他。桓帝听说了他的诚实，派了一位特使，带了一辆安车[①]，来请他去都城洛阳。皇室的宣召是很难拒绝的，于是韩康就同意去了。但是第二天一大早，当特使还在睡觉的时候，韩康就驾着他的牛车离开了，消失在终南山中。在那里，他隐姓埋名，

①古代高官告老或征召有众望的人时所乘的车子，多用一马，礼尊者则用四马。——译者注

度过了余生。

我们追随着韩康和另外一千位隐士的足迹，渡过了灞桥。三公里后，我们经过邵平店村。邵平店是一个公共汽车站，是以东陵侯邵平的名字命名的。东陵是秦国对灞河以东那些小山的称呼。公元前350年，当秦国国君迁都咸阳的时候，他们选择了东陵这一带作为王室墓地。这样一来，它就成为比较重要的封地之一，因此东陵侯也是精心挑选出来的。一百二十九年后，秦国统一了全中国，创建了秦朝，咸阳成为帝国的都城，而邵平则当了东陵侯。不到二十年，秦朝结束了，咸阳沦为废墟，邵平也成了平民。面对命运的变化，邵平泰然处之，他开始种瓜，并因此变得更有名了——从那以后，瓜就成为这一地区的一种特产。但是现在是3月上旬，于是我们继续向前走。

经过邵平昔日的瓜田四公里，就在斜口村前，我们离开主路，掉头向南。又行进了四公里，就在韩峪村前，我们走上另一条通向西南的岔路。这条路几乎就只是两条车辙，那是驴车从附近的一座砖窑里拉砖轧出来的。大约两公里后，它在洪庆堡村终止了。在村子的南面，我找到了我一直在寻找的地方：坑儒谷。当地人叫它“鬼沟”。

秦朝的时候，基于对历史的不同诠释，在国家政策方面，学者们各执已见，为此秦始皇很恼火。他的解决办法是，公元前213年，几乎烧掉了帝国所有的书，并把四百六十余名学者一起活埋了。一些当代学者怀疑这次集体活埋事件是否真的发生过，但是它在接下来的朝代历史里有记载，而且至少早在唐宋两朝，人们就已经在坑儒谷里建了祠堂，以纪念这一事件。

这里没有什么可看的。在村子昔日的西门附近，有两棵巨大的槐树，标志着那座祠堂的位置——可是就连村子里的老年人，对那座祠堂也都没有印象了。他们所能记得的只是一些年前，有一队历史学家来了，发掘出了一尊学者像。那尊学者像后来被他们搬到临潼县博物馆去了。

村子南面有一个长五百米、宽一百米的盆地，上面长满了麦苗。村民们说，这个盆地过去是一个沟，后来被填满了。尽管了解当代学者的观点，我还是上了一些香。回主路的路上，司机告诉我说，“文革”期间，红卫兵们很喜欢提示知识分子坑儒谷的存在。

回到高速公路上，我们继续向东开去。又行了六公里，来到骊山脚下的临潼县城。骊山是终南山的一条孤脉，从西向东延伸大约有十公里。这座山不大，包括两座山岭，最高处仅达一千三百米。但是它恰好坐落在一条路附近，而这条路联系着渭河平原和黄河平原上的都城，因此它也是中国最早的风景名胜地之一。

我在山脚下订了一个房间。因为太阳还很高，所以我继续进行考察活动。从临潼向东走五公里，我下了车，爬到秦始皇陵的顶上。陵墓上长满了柿子树，它们还在等待着春天的到来。下面的一个地方就是那有史以来最豪华的坟墓。据说修建这座坟墓花了七十万民夫三十八年的时间才竣工。它的围墙周长有六公里多。它的各种建筑中现存的东西包括一支地下军队，士兵是用黏土做的，分布面积达五十多平方公里。尽管已经挖了几个考察用的大坑，但是秦始皇陵（公元前210年，秦始皇被安葬于其中）仍然完好无损——对于盗墓者来说，它太深了。

这座陵墓除了是铜铸的以外，它完全是一座宫殿的复制品。它的天花板上镶满了珍珠，象征着星空。河流湖海是水银做的，不停地流动着。这种构思代表着道教仙境，它是秦始皇一直在苦苦寻求却从来也没有找到过的。

这样浩大的建筑工程是不可能受到人们的欢迎的，人民为它们付出了血汗。秦始皇驾崩之后几年，爆发了起义。不久，有两支起义军打败了朝廷的军队。公元前206年，这两支起义军的领袖项羽和刘邦达成协议，要分割秦帝国。

他们在秦始皇地宫北面三公里处一个叫鸿门的地方会面了。鸿门是一条峡谷的名字，它深深地嵌在黄土高原里。项羽在能够俯瞰这条峡谷的黄土高原边缘驻扎好了军队，然后邀请他的对手赴宴，他计划在这次宴会上通过舞剑[①]干掉他。刘邦的一位谋士——我们的老朋友张良——得知了这个阴谋，说服了他的主人，让他装傻。当项羽看到刘邦如此软弱的时候，他拒绝发出信号让人干掉他。后来，刘邦借口上厕所，逃回了他在销魂桥的军营。他从终南山撤了出去，但是最终又回来了，打败了项羽，创建了汉朝。

这次宴会的地点因此变得很著名，虽然几乎没有人来参观。那

①据《史记》记载，项羽邀刘邦赴宴，虽有除掉他的想法，但临场犹豫。而真正指使项庄舞剑刺杀刘邦的人是项羽的谋士范增，并非项羽本人。——编者注

里有一个展厅，里面有一个出色的当地地志展览，但是再也没有其他东西了。我是3月份来的，当年刘邦逃跑的山坡上，如今长满了茵陈的幼苗。茵陈是一种苦艾，春天里，人们吃它以减少体内冬天储积的热量。我的司机采了一些茵陈，足够做一盘菜的。回到骊山以后，我们把它作为自己的宴会上的一道菜，分享了它。

第二天上午，我开始考察骊山。作为终南山的一条余脉，自从有历史记载以来，骊山就一直是隐士的家。但是它邻近那条连接着中国古代两大政治中心的路，因此使得它很早就被上流社会发现了：早在公元前8世纪，山上就已经有别墅了。

骊山地理位置适中，风景优美，除此以外，它的温泉也吸引着上流社会的成员。中国北方的冬天不但寒冷，而且很长。气象学家们说，西安地区的冬天要持续一百四十天，从10月下旬直到3月下旬。在这段时间内，日平均气温在摄氏零下十度（华氏五十度）以下。为了躲避冬天这段最糟糕的日子，那些有钱人就在骊山的露天温泉里浸泡着,度过春节前的几个月。那些温泉像翡翠一样星罗棋布；三千年前，当人们最初开掘这些温泉的时候，它们被称作“星泉”。

骊山最主要的也是最著名的温泉，就坐落在我所住的温泉旅馆东面不到一百米处。这个温泉叫华清池，是杨贵妃经常光临的地方。杨贵妃是唐玄宗的宠妃，也是骊山最著名的浴者。她在温泉里浸泡很长时间以后，不得不让人扶出来。等她恢复过来以后，她会让人进上从附近的一座花园里采集的花粉，擦在腋下，以使自己闻起来很芬芳。然后她会到亭子里去休息，吃柿子——直到今天，柿子还是骊山的一种特产；或者新鲜的荔枝——那是由一千个骑士星夜兼程，像跑接力赛一样，从中国南方传送过来的。

在华清池蒸汽腾腾的、灰绿色的温泉和红柱子的亭子后面，我沿着山路，开始向山顶爬去。大约五百米以后，我在捉蒋亭停下来歇口气。这里是1936年蒋介石被逮捕的地方。蒋介石来西安是为了让国军做好最后一次围剿红军的准备的——当时红军刚刚结束长征，到达西安北面二百五十公里处的延安。

蒋介石的将军们试图说服他不要再继续进攻共产党，他们想建立一条统一战线，抗击入侵的日军，但是没有成功。12月12日，天亮前几个小时，蒋介石自己的将军张学良和杨虎城，率领国军包围了蒋所住的骊山大院。当他们接近大院的时候，一个士兵的枪不小心走了火，于是他们与蒋介石的卫队交上了火。

蒋介石被枪声惊醒，从他房间的后窗跳了出去，然后爬到大院的后墙上，当他往墙外跳的时候，摔伤了后背。他沿着白雪皑皑的山坡，拼命地往上爬，最后藏在一条岩缝里，这条岩缝就在今日捉蒋亭所在的位置的上方。

在此期间，张学良的士兵突破了蒋介石的保镖的防线，冲进了总司令的卧室（这个房间现在还在，是五间厅旅馆的502房间，就在杨贵妃洗澡的温泉后面）。士兵们没有发现蒋介石的踪迹，但是注意到他的假牙放在床边的桌子上，他的被子还是温的。他们猜想蒋介石逃到山上去了，于是他们开始搜山，几个小时后，发现他藏在那条岩缝里。蒋介石被逮捕了，押送到西安，被迫同意与共产党一起抗击日军，保卫中国。

想象过了蒋介石被捕时的情景以后，我沿着山路继续往上爬。又走了一公里，来到老君殿。公元8世纪中期，唐玄宗在这里修建了一座别墅。一天晚上，当他在这里过夜的时候，一位老人出现在他的梦里，告诉他说，太白之精滴到了地上，化成了终南山上一块白色的巨石。唐玄宗醒来以后，派官员出去找那块石头。他们找到了它，并把它带了回来。于是玄宗让人把它雕成了一尊老子像，并把它安放在别墅附近的一座道观里。

有一年的七月初七，就是在这座道观里，唐玄宗和杨贵妃并肩跪着，祈愿要再生为牵牛星和织女星。据说每年的这天晚上，这两颗星都要通过一座由喜鹊架成的桥，渡过银河来相会。这天是中国的情人节，有缘人可以一起庆祝。

五年后，发生了安史之乱，唐玄宗和杨贵妃逃出长安。将军们坚决要求杀死杨贵妃，否则部队就不再前进。他们认为，他们的困境都是由于唐玄宗不顾一切地宠幸杨贵妃造成的。她被勒死了，埋在西安西面六公里处的路边。今天她的祠堂和坟墓仍然吸引着旅游者。

在杨贵妃和唐玄宗跪着许愿的地方附近，有一座小道观。当我正在里面东张西望的时候，我遇见了苏道长。他六十七岁，河南人。他说他出家三十年了，最近才从华山搬到了骊山。在华山，他与师父薛泰来一起，在阴阳洞里住了很多年。当我告诉他，去年我见过薛道长两次时，我们成了亲密的朋友，闲聊了大概有一个小时。我告诉他所有华山的新闻，而他则告诉我骊山的新闻。不幸的是，他的方言几乎让人摸不着头脑，因此我们一起喝了几杯茶以后，我就起身告辞了。

出大门的路上，他把两棵皂角树指给我看。一棵是雄性的，一棵是雌性的。他说，那是当年玄宗所建道观的唯一幸存物了。几年前，老子的那尊大理石像被搬到了西安的省博物馆。在那里，它成为省博物馆所有藏品中最令人难忘的藏品之一。

从骊山的西岭再向上爬一公里，我在老母殿又一次停了下来。老母殿是一座道观，里面供奉着女娲，或者叫老母——人类之母。女娲是伏羲的妹妹和妻子。据说伏羲发明了八卦，奠定了《易经》的基础。数千年前，在女娲和伏羲结婚以前，她一个人住在骊山上。为了自娱自乐，她用水和泥，创造了人类。后来她又挽救了这个世界，使它免于毁灭。在两位神的战斗中，天被撞了一个大洞，她在骊山上建了一座炉子，炼彩石补天。补天剩下来的炼好的石头，就成为骊山热能的来源。每年的六月初六，人们仍然来这座道观礼拜老母。

在女娲殿里，我遇见了一位年轻的道姑和一位年轻的道士。他们都不太健谈，只会寻经摘句。在厨房里，还有一位道士在劈柴。我作了自我介绍，他告诉我，他叫陈世杰。原来他就是方丈。像他的两个弟子一样，开始的时候他也有些怀疑。但是我们交谈了一会儿以后，他就把我领进他的房间，并且关上了门。屋里除了一张吊床、一只衣服箱子、一张桌子和两把椅子，仅有的其他东西就是一串钥匙和他挂在墙上的帽子（帽顶中间有个洞，好让他的发髻从中穿出来)。帽子半掩着一个汉字,那是“剑”字。我问他老母,或者说女娲,与道教有什么关系。

陈:她代表着本体的无。我们都是她的孩子,一切事物都是从她的无中孕育出来的。靠她的力量,我们才有了天和地、太阳和月亮、一切事物。这是我的理解。这与其他道士的理解不同。他们的理解是从书本上来的。我告诉你的不一样。老母和女娲只是“无”的名字而已,时空和万物都是从这个无中出来的。一切事物都是从无——也就是女娲——中来的;一切事物又都要回归于无——也就是道。这是我的理解。

这还是第一次我把这一点告诉给人。以前从来没有人问过我这个问题。除非有事,否则我不喜欢说话。我知道有些道教师父到你们国家传道去了。但是他们的理解是建立在书本基础之上的。他们所教的,书上都有。他们不教来自于精神的东西。我所告诉你的来自于我自己的理解,不是来自于书本。

现在有很多人开始对修习道教禅定和气功感兴趣。有很多书教人们这方面的内容。但是它们没有教给人们的是,这不是真正的道。在禅定和气功中,你要经过一个个层次。但是道没有任何层次。很多人被书本、名相和神通误导了。他们才修了一会儿,就认为自己得道了。但是实际上他们没有。道没有名字。修道就意味着回归于无。

当人们努力去寻找道的时候,他们就失去了道。他们混淆了有和无。我们所能做的一切只是修德(美德,精神力量)。德包括我们

陈道长在他的屋里，帽子下面是“剑”字

的精神、我们的心、我们的想法。真正的德会导致真正的道。但是大多数人修的不是真正的德。他们修炼的是神通和心念，于是他们以为他们已经得道了。但是他们错了。修习真正的德就是要去掉所有的神通和念头，像一个婴儿一样，无看而看，无听而听，无知而知。首先你要修德，道自然就来了。

但是道是空的。它不可解说。人们来这里供奉代表着这个无的女娲。这不是迷信。这是修行的一个内容。当然啦，很多人来这儿是为了求女娲满什么愿的。这是迷信。但是来这里供奉女娲不是迷信，它是为了提醒我们修德和无之道。

问：您是怎样开始对道教感兴趣的？

陈：我有一个哥哥。他对道教感兴趣。他没有师父，但是道教的书他一读就通。最后，他看破了红尘，有一天，他告诉我，他要离开家。他没有告诉其他任何人。他让我照顾我们的父母、他的妻子和两个孩子。他说他第二天要离开，永远不回来了。

他走了以后，我照顾我们的父母，直到他们双双辞世；还有他的孩子，直到他们都长大成人。自从三十多年前他离开家以后，我再也没有见过他。但是离家以前，他说，如果我想找他，他会在三座山中的一座。我已经去过其中的两座山找他。来年，我想去第三座。

我哥哥走的时候，把他所有的道教书籍都留下来了。当时我还不认识字。但是我逐渐学会了认字。最后，我也成了道士。那才是七年前的事。但是自从我哥哥离家以后，我就一直在学道、修道。

陈道长是一个很少见的头脑清晰、心直口快的道士。他说完了想说的话，就要干杂活儿去了。我们道别，我继续去爬通往西岭顶峰的最后一道坡。在顶峰最北的山头上，有一个烽火台。古时候，国家有难的时候，国君们就会点燃烽火，召唤临近的诸侯来援助：夜里烧稻草，白天烧干狼粪。在这件事情上，还有一个传说。

周朝的时候，周幽王悬赏千金，赏给能使他的妻子褒姒王后一笑的人。一位官员建议点燃烽火，把所有的诸侯都骗到骊山来。幽王同意了。不久，诸侯率兵来了，这件事成了幽王和他妻子取乐的笑料。

两年后，即公元前 771 年，渭河平原受到戎狄的入侵，幽王再次点燃了烽火。这一次，一个人也没来。他被杀死在骊山别墅里，褒姒王后也被掳走了。这次事变以后，周朝的都城东迁到洛阳。

烽火台大约有十米高，我爬到顶上。但是山上岚气重重，看不了太远。我下山往回走。几分钟后，我走上一条岔路。它通向一条山谷，这条山谷把骊山的东岭和西岭隔开了。在谷底附近，我走过一座小桥，向对面的山坡爬去。山坡上有一栋建筑，看起来像一座农舍，结果却是石瓮寺的遗址。石瓮寺曾经被认为是骊山上风景最优美的地方，一度以日落时的景色而著名。

在院子里，我遇到两位上了年纪的女居士和一位尼师。与她的僧袍相比较，尼师的脸显得那样的新鲜稚嫩，她的举止看起来依然像一个年轻女孩。她们邀我坐一坐，喝杯茶，于是我在院子中间的一只石凳上坐下来。桌子却是一块清代石碑的正面，石碑上记录着石瓮寺最后一次重修的过程和布施者的名字。

虽然照管这座寺庙的女居士挺清贫的，但是她们的茶壶却是宜兴大窑里出的紫砂茶壶，她们的茶也是著名的武夷山茶。它没有一点儿好乌龙的清香，却有一股浓烈的气味，这股气味受到一部分人的赞赏——他们为了明目清心，在坐禅前喝这种茶。我说它尝起来像“菩提达摩的眼皮”，那两位女居士大笑起来。我这样说的典故是，一千五百年前，菩提达摩为了防止坐禅时睡着，把眼皮割掉了。他的眼皮落地的地方，长出了第一批茶树。

女居士中的年长者告诉我，她曾经是一位比丘尼，但是被红卫兵逼迫还俗了。她嫁了人，生了一个女儿——就是那位年轻的尼师，此时她正倚在院墙上，在春日的阳光下，为将来的冬天织一顶帽子。20 世纪 70 年代中期，“文革”结束的时候，她回到了石瓮寺。最近的十五年，她一直住在这里。她说她的女儿是几个星期前，在西安大雁塔的一次集体仪式中落发的，正在等着找一座合适的寺庙长住。

喝了几杯茶以后，我们道别。我举步回到桥上，然后沿着山路往山谷下面走去。三十分钟后，在县城东边临潼博物馆附近，这条路到头了。我买了门票，走了进去。在中央展厅里，我突然发现自己站在释迦牟尼佛的舍利前。

两千五百年前，释迦牟尼佛荼毗以后，印度八个王国的国王为了争夺他的舍利，走到了战争的边缘。为了避免流血冲突，他们最终达成了一致：均分舍利。他们把自己分得的舍利安放在各自国家的舍利塔中。很多个世纪以来，塔中的舍利被进一步地分了又分。公元 7 世纪，当玄奘大师从印度回长安的时候，在他所带回的物品中，有五百粒释迦牟尼佛的舍利。

1985 年，在鸿门宴东北大约一公里处的一座砖窑附近，工人们掘出了一座石塔，里面装着那些舍利。那是公元 7 世纪末武则天放进去的。几百年后，当唐朝结束的时候，石塔和环绕着它的那座寺庙都消失在粟地和玉米地下。自从它们被重新发现以后，那些舍利和装着舍利的那座小石塔，就一直放在临潼博物馆里展览。塔的四面分别是佛陀讲法、入涅、荼毗和国王们分请他的舍利的场景。

当一具普通的肉体被焚烧以后，剩下来的只有碎骨头片和灰烬。当一个修行人的遗体被焚烧以后，人们就会找到一些像玻璃或瓷器一样的小石头。释迦牟尼佛的舍利到达中国以后，它们被放进两只小玻璃瓶中。这两只小玻璃瓶又被放进一只小金盒里，然后这只金盒又被放进一只镶着白银和母珠的大盒子里，最后人们才把这只大盒子安放在那座小石塔里。这些舍利本身看起来就像小小的钻石。总共有几百颗。

那座塔、那两只盒子、两只小玻璃瓶中的一只，还有瓶中所装的东西,现在都在展厅中间的一只展箱里。当我凝视着这一切的时候，门卫一直在不停地告诫人们不要吐痰、不要吸烟。在周围所有的吐痰、吸烟和吵闹声中，我向觉者的金刚不坏之身鞠躬问讯，然后回销魂桥去了。路上，我想起了《金刚经》的一段经文：

“须菩提，于汝意云何，可以身相见如来否？”

“不也，世尊，不可以身相得见如来。所以者何？如来所说身相，即非身相。”

佛告须菩提：“凡所有相，皆是虚妄。若见诸相非相，则见如来。”

第十章　暮星之家

西安西南一百二十公里处，有一片由花岗岩和松树构成的广阔区域，面积达五万四千公顷，这就是太白山。西安官方的人告诉我，对外国人来说，即使带着向导，在太白山四处漫游也还是太危险了。

那个时候，我并没有意识到他们所说的危险是指什么。但是即使他们让我去了，爬太白山也不是一件容易的事情。史志上说，太白山上有很多登山者的残骸；曾经爬上过顶峰的中国人说，太白山比华山危险多了。不过，隐士们在太白山上已经住了几千年了，时至今日，他们仍然在山上寻找幽居之地。在太白山比较著名的近代隐士中，有虚云老和尚。他在嘉五台入定之后，因“厌于酬答”，于1903年春，搬到了太白山。陕西省道教协会的会长告诉我说，他知道有两位道教隐士住在太白山上，其他的出家人说，他们还知道好几十位。

太白山海拔三千七百六十七米，是终南山的最高峰。除了台湾的几座山峰以外，在太白山以东的中国其他地区，再没有比它更高的山峰了。它是中国为数不多的仍然生长着大片原始森林的山脉之一，也是世界上拥有最重要、最丰富的植物群和动物群的山脉之一。科学家们把太白山称为“中国植物园”，并且已经成功地把顶峰和西侧的一大片区域宣布为自然保护区。植物学家们说，太白山上没有草，只有宝。

到目前为止，在太白山上发现的一千七百种植物中，有六百多种具有医用价值。登山者在太白山的低坡上首先遇到的金钟柏就是一个很好的例子。柏叶可以做止血药，种子可以做镇静剂。登山者向顶峰攀登的途中，他们会依次穿过华山松、楝树、白桦和冷杉等林带，最后，在顶峰附近，是矮小的蓝松、枇杷和杜鹃。所有这些植物，都能在采药人的背包里找到。

除了植物，太白山还以其动物而闻名。在山上，动物学家们已经发现了二百三十种鸟类，其中包括一些珍稀品种，诸如不会飞的大鸨。金色的锦鸡和红冠的朱鹮（这种鸟全世界过去只有四只，都在日本。最近，在太白山麓又发现了几对）①。四十多种哺乳动物也在太白山安了家，其中包括大熊猫、扭角羚（长着螺旋形角的山羊）和金丝猴。

在西安，我与一位动物学家进行了交谈。他每年都要深入到终南山最偏僻的地方，去采集标本。最近几年，他去了太白山东南侧板房子附近的几个与世隔绝的山村。他说，直到现在，因为这一地区一直交通闭塞，结果导致村民们患有几种遗传性疾病。据他判断，一半的村民是低能儿，或者是有智力缺陷。

他说，太白山上的生活也是危险的。虎跑谷村有一家，儿子少了半边儿脸。那是被一头熊撕掉的。另外一头熊则咬掉了男孩父亲的半个屁股。在这位动物学家去这一家的前一天晚上，男孩的母亲

---

①目前我国朱鹮的数量已有一千余只，其栖息地也扩大到了三千平方公里。现在陕西汉中洋县设有朱鹮保护区。——编者注

在厕所附近，用带铁尖的扁担，捅死了一头豹子。不过，主要的危险还不是熊或豹子，而是野猪。野猪常常成群活动，有时多达一百头。它们会把任何闯到它们路上的东西或人践踏得粉碎。但是，尽管有这些危险，村里的男人们还是只要有机会，就捕猎野猪。而村里的女人们仍然用野猪鬃梳头和装饰头发。

这位动物学家还告诉我，村民们怎样领着他和一支科学考察队，爬到太白山上，捕获了一对金丝猴。为了这对金丝猴，莫斯科给北京提供了两辆卡车和两笔奖学金。科学家们给了村民们一百块钱，大约相当于二十美元，来完成这个任务。在整个秦岭海拔较高的枇杷林中，还能找到蓝脸金毛的金丝猴。这位动物学家描述了村民们怎样首先确定了金丝猴群在太白山顶峰附近的位置，然后匍匐前进，尽可能地接近金丝猴，之后突然开始猛敲锡制的平底锅。有几只金丝猴出于恐惧，就那么乖乖地闭上了眼睛，很快就被抓住了。

这位动物学家说，就他所知，进山是不受限制的，但是找一个向导是绝对必要的。他建议我要么加入他未来的某次考察活动，要么在板房子雇一个向导。我婉言谢绝了这两个建议。

“太白山”的意思是“大白山”。但是它还有其他的名字。在公元前第三个千年，它被称作“惇物”——大供应者。在公元前第二个千年，它被称作“大时山”。在公元前第一个千年期间，当早期的中国神话开始演变成哲学的时候，它被称作“太乙山”——创造万物的大神之山。在它所创造的万物当中，有它自己的白色岩峰，因此，在公元前第一个千年末，人们开始叫它“太白山”。

在早期的中国哲学中，白色是西方之色，也是暮星——太白金星之色。两千多年以前，流传着这样一个故事：太白之精滴落到这座山上，变成了一块白色的岩石，这块岩石就成了太白山的顶峰（很显然，这个故事就是公元8世纪唐玄宗所做的那个梦的基础）。偶尔，当太白山没有被云雾掩盖之时，它的魁伟的白色身影，是眉县[①]以南最突出的风景。

眉县在顶峰以北四十公里处。尽管它离顶峰很近，可是古代的旅行者们却常常假道武功和周至二县，从东面上山。武功和周至在西安西面七十公里处。传统的路线是从武功和周至出发，向西南走到清湫村。清湫的遗址就在现在的槐芽镇南面。

清湫是原来的山神庙所在的地方。清湫南面大约十公里处的三官池，是昔日进山的入口。过去农历七月，人们常常到这里来祈雨。农历七月也是全年中唯一的月份——在这个月份里，凡夫俗子才敢斗胆去爬太白山麓的小山。在《郿县志》中，一位爬过这些小山的清朝官员（李栢）留下了这样的记述：

其登之也，始旁溪以穿林，继攀萝于鸟道，枯槎横续其断岸，石栈勾折于危岛，其险也如此。及登绝顶，万缘俱空。日瘦月小，星寒云低。远眺东南，天山一色。频瞰北渭，渺然一带。五将、九嵕，俱为培塿，其高也如此。

群山环卫，如星拱极，区其形状，有攲者、侧者、偻而探者、蹩黛倚者，

①古为“郿县”。——译者注

似龙盘者、虎踞者，似凤鸾翼者，堆似牛首者，并峙似熊耳者，有鸣声镗鞳似石钟者，有峰岩相等似楚山九嶷、齐山七十二峰者，其山形之异也如此。

或阿香轰于涧底，或长虹勒乎山腰，或狂飙乍逝，板屋有秋叶之危；或雾镤大壑，白昼有下春之冥。兼以晴雨倏忽，挥霍万状者，其气象之变有如此。

《郿县志》中还记载了另一位旅行家、17世纪的官员贾铉对太白山的印象：

余入山，见景之奇者，若宋元图画，开阖反侧，变态万状。见径之险者，若羊肠、鸟脊，进退一线，极人境之幻矣。

陈仲醇云："世之游山，不过七尺筇与一緉屐。必士大夫有驺从、糇粮之资而后可。"若余之入太白，则既难假于舆儓，亦莫资筇屐。

遇水不测其深，掷石齿而跳跃之，少错则坠矣。遇土不计其泞，入足而随出之，少缓则陷矣。壁立数仞之峰，或蚁缘以上；建瓴千尺之坂，或蛇伏以下，不知其身之捷于猿猱，而勇于贲育者。

贾铉的介绍之后，还有详细的描述。它成了爬山的标准记述，甚至被刻进石头里，以利子孙后代。虽然我没有去靠近太白山的任何地方，但是我从一位在太白山上住了几十年的道士那里，了解到了太白山的路径情况。这位道士熟知通向山顶的每一条路——它们共有四条，两条在南，两条在北。

南面的两条路，一条从西南上来，经过自然保护区附近；另一条从东南上来，从黑河沿岸开头。北面的两条路，分别从鹰头村（音译）和塘峪村（音译）开始，然后在太白山北坡的半山腰处会合。在那里，从黑河上来的那条路，也汇入其中。大部分游客走北面的两条路：从眉县来的人走鹰头那条路，从周至来的人走塘峪那条路。不管走哪一条路，要到顶峰，人是九十公里，鸟儿是二十五公里。

还有，这些路并不总是开放的。甚至山上的大道观，一年中的大部分时间，也都是荒凉的。农历六月份，太白山一带的所有出家人都在顶峰聚会。会面之后，他们又重新分散到点缀着山路的十一座道观中——“文革”前有三十七座。

告诉我有关太白山的事情的那位道士说，要到顶峰，得爬四天。除非盛夏，否则几乎没有人去爬太白山。盛夏的时候，道观是开放的，可以提供简单的食宿。他说，大部分登山者都在 7 月末和 8 月中旬之间上来。否则，太白山上太冷。不过采药的人和香客意志却坚定得多。从 4 月直到 10 月，在通向顶峰的山路上，都能够发现他们采集草药和汲取太白山上湖泊里的神水的身影。在贾铉的记述中，他解释说：“……其神异同，而不令人久憩其傍。久则雷电即至，名为行法……诸池皆神所司，土人敬礼。”

这些湖泊除了是神灵和水龙的家之外，它们还蕴藏着其他的秘密。首先，围绕着顶峰，它们形成了一串由六个圆形山谷组成的项链，海拔高达三千五百多米，这使得它们成为中国最高的高山湖泊，

修行者的住所

离天只有一口气那么远。它们是在一万二千年前，最后一次（第四纪）冰川时期形成的。其中最大的那个湖泊真是深不可测。那位道士告诉我，1956年，两位苏联潜水员携带着某种水下呼吸设备，试图潜到最大的那个湖泊的湖底。几分钟后,其中的一个人回到水面上，气喘吁吁的；另外一个回来得晚多了，死了。那位道士说，他看起来像一根冰棒。

是太白山的水促使贾竝这样开始他的记述的："及山，舍骑而徒，三里，至三官池，池清澈。凡祷雨，必取水设坛中，山高不可到，多汲是池焉。"公元11世纪，苏东坡曾经是这一带的地方官。一场旱灾使得他参拜了太白山的山神庙。后来，他写下了一首五百言的长诗，其中有这样的四句：

平生闻太白，
一见驻行驺。
鼓角谁能试，
风雷果致不。

苏东坡所提到的是太白山更为著名的一个特征。根据著于约公元4世纪的《水经注》的记载："山下军行，不得鼓角。鼓角则疾风雨至。"当苏东坡参拜山神庙的时候,他一定召集了当地的民兵。他说，他的祈祷得到了回应，三天大雨如注。

李白是太白山所偏爱的另一位诗人。李白出生以前，他母亲梦见暮星使她受孕了，于是为了纪念李白天上的父亲，母亲便给儿子取字曰“太白”。因此对李白来说，去探望他的石头兄弟，只不过是个时间的问题：

西上太白峰，
夕阳穷登攀。
太白与我语，
为我开天关。
愿乘泠风去，
直出浮云间。
举手可近月，
前行若无山。
一别武功去，
何时复更还。

李白是一位道教徒。虽然佛教徒也来这里隐居，但是太白山始终是一座道教名山。像其他的山一样，关于第一批选择太白山作为隐居地的隐士，没有任何历史记载。道教徒们说，老子曾经在此逗留过相当长的一段时间，以采集云母和长生不死药的其他配料，然后才通过散关便消失了。但是即使老子确实曾经来过这座山，他也从来没有被列入过太白山的隐居者的名单。

与太白山有关的第一位隐士是鬼谷。公元前 4 世纪，他曾经住在这里。尽管鬼谷喜欢隐姓埋名，但是他的两位学生苏秦和张仪，却因为在战国时代提出“连横”“合纵”的政策而蜚声一时。结果，鬼谷就被公认为是吸收了当时各家思想的法家的祖师。鬼谷本身是一位道教徒，据说他曾经在这里生活了几百年。太白山上有一座悬崖，是以他的名字命名的。唐朝的时候，有人撰写了一部道教经典，署上了他的名字，这就是《鬼谷子》①。

从太白山早期名字的神话基础来看，几千年来，它必定一直是宗教仪式和宗教修行的圣地。但是历史上最早提及太白山上的庙宇，则在仅仅两千年前。那时候，有人为了纪念谷春，于公元前 1 世纪歉收的年份里，修建了一座山神庙。

谷春是汉成帝宫廷中的一个小官。他也是气功的修行者。他死的时候，身体还是温的。因此当他下葬的时候，他的家人拒绝钉上棺材盖。三年后，他突然出现在他生前所在的村庄的大门顶上，坐在那里。当他的家人听说了这个消息以后，他们打开谷春的棺材，结果只看到了他的衣服。在大门顶上过了三夜以后，他拒绝了家人要求他回家的恳求，然后消失了。后来，人们又发现他重新出现在长安城一个主要城门的顶上。但是三天后，他又一次离开了。历史记载上说，他最后出现在太白山上。因此后来有人为了纪念他，就在顶峰上修建了一座道观。

不过，太白山最著名的隐士却是另一位道教徒——孙思邈。公

---

①《鬼谷子》一书的创作时间及其真实性自唐代以来一直有争议，但公认并非唐代的作品。——编者注

元 7 世纪上半期，孙思邈第一次来到这里，把他一生的大部分时间都用于在太白山上采集药草，完善他的医学知识，以及修道。尽管有几位皇帝召请他做宫廷里的高官，但是他更愿意专心致志于道教修行和医学实践。他说，不管病人的社会地位或社会关系怎么样，医生应该给所有的人治病。他在老百姓当中赢得了崇高的声望，被人们尊为“药王”。直到今天，他仍然是中国最伟大的医生之一，也是中国第一位营养学家。

孙思邈去世的时候，留下了两部著作：一部总结了他所在的时代以前的药方（《千金要方》），另外一部则收集了他自己的杰出贡献（《千金翼方》）。在《千金翼方》中，他记载了用海藻和鹿茸治疗甲状腺肿大，牛肝和羊肝治疗夜盲症，杏仁、谷白皮和蜀椒治脚气等治疗方法。

作为中国一座主要的道教修行中心，太白山的重要性最终在接下来的一个世纪里得到了承认。那个时候，道教作者司马承祯补充了十大洞天的遗漏，把太白山列在三十六小洞天的第一座——在这些洞天里，人们能够找到或者炼制长生不死药。大约在太白山被列入道教名山名单的同时，李白在自己的古风系列中，写下了这首诗：

太白何苍苍，
星辰上森列。
去天三百里，
邈尔与世绝。

中有绿发翁，
披云卧松雪。
不笑亦不语，
冥栖在岩穴。
我来逢真人，
长跪问宝诀。
粲然启玉齿，
授以炼药说。
铭骨传其语，
竦身以电灭。
仰望不可及，
苍然五情热。
吾将营丹砂，
永与世人别。

太白山不仅是想成仙的道教徒的家，也是儒家隐士的家。中国隐士传统的一个循环论题是，与其说隐居意味着放弃社会，还不如说它意味着放弃贪欲。作为一个原则，隐士们首先通过改造自己，进而寻求改造社会，因此他们中的很多人来太白山是为了冷却自己的热情的。

早在公元 1 世纪末，儒家隐士就已经出现在太白山麓。这段时期，选择隐士茅篷而放弃宫廷职位的学者的数目大量增长。这段时期，学者们不再仅限于掌握通常的一两部儒家典籍，而是对接受更广泛的教育产生了兴趣。

这第一批汉代学者学到了与大部分主要典籍相关的广博精深的知识，挚恂就是这批学者中的一位。他吸引了十多位弟子，到太白山的隐居地跟他学习。其中一位弟子叫马融，他的才华使他很快成为挚恂最喜爱的弟子。后来，马融娶了挚恂的女儿，在太白山上创建了自己的学院。公元166年，马融去世的时候，被公认为是儒、道两家典籍注释者的泰斗。有一千多人宣称马融是自己的老师。

来太白山跟马融学习的人中，有一个人叫郑玄。虽然郑玄曾经师从当时很多著名的先生，但是他还是没有马上被马融所接受。他被迫在附近搭了一座小茅篷，并通过马融的其他弟子，间接地接受指导。有一次，马融在解决一个涉及天体运动的问题时，遇到了麻烦，他的一位弟子说，郑玄能解决这个问题。郑玄迅速地解出了答案，最后被接纳加入马融的核心圈子。跟马融学习了几年以后，郑玄离开了太白山，到长安开办了自己的学院。在那里，作为经典的注释者，他的声望最终超过了自己的老师。当他准备离开太白山的时候，马融抓着他的手说：“大道随你东去了。为它而尽你所能吧。”

不管郑玄做了什么，都是不够的。儒家对于世界和人类在其中的位置的解释，很快就被道教和佛教所淹没了。但是将近一千年后，儒家最终重新赢得了领先地位，太白山再度成为儒家隐士的一个中心。张载就是这一时期最伟大的哲学家之一。他出生于太白山北面的眉县，后来又隐居到太白山麓。像汉朝的挚恂、马融和郑玄所做的一样，他创建了宋代最著名的学院之一。在太白山的山影里，张载发展出了儒家第一套伟大的玄学体系，这个体系是建立在下面这个理论的基础之上的：我们的物质世界只不过是气的短暂聚合，气分散之后，又组合和重新组合，处于不停的变化之中。为了与他的儒家隐士的角色保持一致，他又把这个理论应用到了人际关系上面：我们都是由同样的气所构成的，所以应该待人如己。

在太白山上，我们看到了隐士传统和它的解决方式中所凸现的一个主要矛盾：修道的人无法脱离人群，然而为了找到道，他们又必须远离社会隐居——至少是暂时的，以进行自我修炼和制心一境。如果对于学者来说，这是正确的，那么对于出家人来说，就更是如此了。在很多出家人求道的过程中，他们因住在暮星之家——中国最纯净的气所聚集的地方，而大受激励和鼓舞。

第十一章　访王维不遇

在中国古代，选择隐居生活并不总是意味着艰苦的生活。除了宗教苦行者和正直的穷人之外，还有一些富有的隐士，他们的艺术感受力促使他们走出城市，走进附近的山里。住在离长安一日行程之内的清贫的终南山隐士们偶尔会发现，他们正在与中国最有教养的人们分享自己的茅篷——为了寻求宁静和安慰，这些人也转向了终南山。

那些走世间成功道路的人，虽然也能得到快乐和荣誉，但是总有一些人中途转了方向：厌倦了宫廷生活的贵族，没能通过考试的未来的官员，不愿意放弃自己原则的学者，精疲力竭的官僚，遭到放逐的大臣，比刽子手抢先一步的罪犯，等等。在每一个朝代，那些有教养的隐士的住宅，都散见于乡村各地。在那里，它们的主人花费时间去学习遗忘。

有时候，这些有教养的隐士把他们原来在城市所享受的豪华，也带到乡村的家里来了。但是一般情况下，他们更愿意（或者被迫）把豪华置之脑后，而去追求俭朴生活的快乐。这样的人在中国的山里生活了几千年了。尽管他们在乡村所逗留的时间，从短暂的拜访到终身的居留不等，但是在盛衰之时，他们的存在会变得格外地引人注目。

在《中国诗歌的伟大时代：盛唐》（*The Great Age of Chinese*

Poetry: the High T'ang）一书中，史蒂芬·欧文解释说："公元8世纪，在高官和隐士之间，开始真正出现了一种特殊的亲密关系。这种关系，在整个传统的中华文明的余下的很多个世纪中，以多种形式得到了延续。"（第27页）实际上那个时候，这种关系已经很古老了。但是8世纪的时候，这种关系确实出现了一个新的变化，那就是有意识地把隐居在乡村作为在社会上出人头地的手段。唐朝的时候，这种吸引朝廷注意、从而弄到一个官位的方法变得如此流行，以致人们称它为"终南捷径"。8世纪期间，终南山上的茅篷和别墅，大概比此前或此后的任何一个时期都多。看起来似乎每一位重要人物，以及每一位想成为重要人物的人，都有一座终南别墅。

在这些隐居在终南山的有教养的隐士中，有一个人不是在寻求通向都城的捷径，这个人就是王维。王维选择了终南山作为出世的捷径，而不是入世。就是在这里，在辋川别墅的相对的隐居生活中，他把生活和艺术用这样一种令人无法抗拒的方式融合到了一起，以至于创造了一种标准，从那以后，受过教育的中国人，都一直受到这个标准的吸引。王维是一位无与伦比的有教养的隐士。他认真地对待自己的隐居生活，把隐居变成了艺术，又把艺术融入了隐居生活。

公元699年，王维出生在太原的南面——太原是今天中国北方省份山西的省城——出生在帝国最有权势的两大家族中。他的童年时代都花在为一份与他的家庭背景相适应的职业做准备上面了。唐史说，九岁的时候，他开始写诗。公元761年，王维去世了，时年六十二岁。他被唐代宗誉为当时最伟大的诗人——而当时是中国历史上诗歌艺术的鼎盛期。随后第二年，李白也去世了，时年六十一岁。八年后，杜甫也与世长辞，年仅五十八岁。

在王维去世以后的很多个世纪里，他的诗名并没有衰减，虽然他不再排在李白和杜甫的前面。这很难说是一种轻视。王维并不认为自己是一位诗人，而认为自己是一位艺术家。而作为一位艺术家，他是无与伦比的。诗歌只是他所擅长的几项艺术中的一项而已。他也精通音乐。关于他的音乐才能的故事有很多：有一次，一支箫由于无法承受为他的琵琶伴奏的张力而崩裂了；还有一次，人们把一幅壁画指给他看，上面画着一队乐人，他能够说出壁画上正在演奏的是哪一首曲子的哪个音符。实际上，王维年仅二十一岁的时候，就已经获得了大唐帝国的最高学位，他的第一个官职是在朝廷的音乐机构里做太乐丞。但是他的音乐才能比不上他的诗歌，而他的诗歌又比不上他的绘画。他告诉我们：

宿世谬词客，
前身应画师。

十九岁的时候，他恢复了自己前生的爱好。尽管王维的画作没有保存下来，但是有几幅早期的摹本，为他的绘画才能提供了充足的证据。宋朝诗人苏东坡称他为“中国唯一真正伟大的山水画家”。明代书法家董其昌总结了他的同事们的评价：“右丞以前作者，无所不工，独山水神情传写，犹隔一尘。”

在长安，王维为孟浩然这样的诗人朋友画肖像，也画古代的佛教人物，诸如维摩诘等——维摩诘的名字他取来作了字。但是他厌倦了朝廷里的生活，尤其是在经历了几段时期的流放之后。因为政治过错，他先是被流放到山东，后来又被流放到西北边境。在他四十岁生日以后的某个时间，他买下了初唐诗人宋之问昔日的乡村别墅，它坐落在长安东南六十公里处的辋川岸边。接下来的二十多年，他经常回到都城，以维持从政的表象。最后，他做到了副丞相的位置。但是他却花费越来越多的时间，待在乡间别墅里，致力于山水画和诗歌的创作。经常与王维会面的朋友中，有一位叫裴迪。王维为了给他的著名画作《辋川图》配诗，与裴迪一起创作了一系列诗歌，描写了他的隐居地附近的风光。

当王维接近老年的时候，他对佛教的兴趣越来越多地主宰了他的生活。他花很多时间坐禅。同时代的人说，他越来越像他自己过去所画的那些瘦骨嶙峋的隐士中的一位了。在他去世以前的很长时间里，他似乎就已经消失在自己的一幅画作或诗作中了：

中岁颇好道，
晚家南山陲。
兴来每独往，
胜事空自知。
行到水穷处，
坐看云起时。

偶然值林叟，

谈笑无还期。

我去台湾之后不久，就开始读王维的诗。我在一座佛寺里住了两年，每天我都要去爬佛寺后面的小山。爬山的时候，我就背王维的诗。我喜欢它们所唤起的心境。每记了一首之后，我就会坐下来，在一块空地上打坐。从那里，从山的边缘望出去，能够看到台北这座飘浮着的城市。有一天，当我正想放平腿脚时，我发现一条有花纹的环蛇正盘在我旁边——环蛇是世界上最致命的毒蛇的一种。我极其缓慢地站起来——从那以后，在我待在那座佛寺的余下的时间里，我再也没有背过任何王维的诗。不过，我对于这个人的兴趣却一直保持着。十五年后，当史蒂芬和我来中国内地寻找隐士的时候，我想起了王维。

我在香港买的一本书上说，在王维昔日的隐居地，他手植的一棵银杏树仍然活得很好。一个阴雨天，没有什么其他事情好干的，我们决定去看看王维的树。我们雇了一辆车，沿着灞河向东南开去。行驶五十公里后，我们在蓝田掉头向南，然后沿着辋川穿过终南山的一个山口。昔日当王维去辋川别墅的时候，他要在这里下车，然后剩下的路都坐船。过去这里没有山路，更不要说大路了。直到20世纪50年代，政府才在山谷的东部边缘炸出了一条路。

半路上，一道滑坡挡住了我们的去路。工人们说，他们希望几天内能把这条路清理出来。我手脚并用，爬上那道滑坡，停下来去

昔日王维乡村别墅风光，前景是现代建筑

看一些蓝色的雏菊——原来它们是我的老朋友了。在我在台湾的家附近的路边，我的妻子常常摘它们的叶子做晚餐。我很惊讶在这么远的北方看到了它们。在滑坡的另一面，史蒂芬和我与六个当地人一起，坐上了一辆三轮摩托车。

当我们把小汽车和滑坡甩在后面的时候，山谷很快变得开阔起来，四周环绕着云雾缭绕的青翠的山峰。其他的乘客在阎村和官上村下车了。在官上村的东面，我找了找孟城坳，它是宋之问原来的居处，也是王维初次来这儿所住的地方。他的关于辋川的组诗，就是从这里开始的。但是这个地方现在是辋川高中的家了。我们继续向东南行去。

过了白鸦坪村，路分岔了。右边的那条路通向王维的银杏树和他昔日的鹿苑隐居处，距此地大概还有一公里左右。司机却建议我们往左走，先去看看一个山洞。从那里，我们可以饱览这一带的风光。

我们经过了一个检查点。但是天正在下雨，负责的人肯定躲在里面了。几分钟后，我注意到一辆警车远远地尾随在后面。我们继续往前走。大路变成了土路，土路变成了岩石，当岩石变成了鹅卵石的时候，我们下了车，开始爬山。

几分钟后，我们爬到了一个平台上，从那里可以俯瞰周围的群山。一位管理人员从一间小房子里走出来，为我们打开了观音洞的大门的锁。观音洞里有普通的钟乳石和石笋，造型像大悲观世音菩萨。我们更喜欢洞外的风光，于是站在平台上，看着那些山峰消失，然后又重新出现，就仿佛王维的画卷被展开在我们面前，一会儿一景……

当毛毛细雨开始变成大雨的时候，我们下山往回走。透过乌云的缝隙，我注意到几个警察站在我们的三轮车旁边。我让史蒂芬换了胶卷，把曝了光的胶卷塞进他的袜子里。当我们来到大路上的时候，警察通知我们，我们被捕了。他们一直把我们“护送”到那道滑坡处。在那里，我们被押上了另外一辆警车。它一路鸣着警笛，拉着我们回到了西安外事局的所在地。在那里，我们被指控从事间谍活动。尽管我们没能去到那么远，但是王维当年在他的鹿苑隐居地手植的那棵银杏树，现在在一家工厂里。很显然，杜甫也有过相似的经历：

何为西庄王给事，
柴门空闭锁松筠？

第十二章　大道入塵

在《楞伽经》中，佛陀说："悲生于智。"在过去的五千年里，中国寻求智慧的个体们——不管他们把它称之为"法"还是"道"——一直在坚持不懈地寻找着它，有时候，他们在山里发现了它。但是迟早，智慧会生起慈悲。迟早，道会来到世间。

把道带入世间的佛教徒被称作菩萨，道教徒被称作神仙。他们自己也承认，很少有道教徒能修炼到那一步。但是有些人确实成仙了，尽管他们总是很难找到——只有那些确实不与其他人住在一起的人，才能成仙。如果他们不是一起离开这个世界而飞到仙岛上去，那么他们通常都住在大山里、沙漠里和沼泽间。但是他们也喜欢去有人烟的地方的佛寺、市场和酒店：他们来人世间寻找可以授之以道的人。

在长安，或者说西安，在过去的一千年里，神仙们的聚会地点一直是八仙宫。它建于公元 11 世纪，是在一座早期的道观的旧址上建的。8 世纪的时候，在一家酒店里，吕洞宾遇见了神仙汉钟离。八仙宫就在这座酒店附近。

吕洞宾和汉钟离是一个隐士群体的创始成员。13 世纪的时候，这个群体以"八仙"而闻名。几百年前，诗人李白和杜甫在"饮中八仙"之列。提到这种八位圣人的组合，要追溯到很早以前。但是这些早期的群体，没有一个能像吕洞宾和汉钟离所在的八仙群体这样，激起人们的热情，更不要说尊敬了。当然，道教所承认的神仙有成百上千位，正像佛教所承认的菩萨有成百上千位一样。为什么这八个人得到特殊的青睐，原因不得而知。当初是谁选择了他们，也不知道。除了修道以外，他们唯一的共同点是，他们中的大部分人在终南山修道。

尽管这个群体的成员不时地有所变化，但是“八”的选择却不会变。很显然，这是要给《易经》中的八卦赋予人的形式。据说这样一来，八仙就代表着不同的阴阳关系的组合，诸如第一和最后、年老和年轻、男性和女性、美丽和丑陋等。

八仙中的第一位是汉钟离。他常常被画成手持一把扇子，坦腹迎风。顾名思义，他出生于公元1世纪的汉朝。他是一位将军，被派去跟羌人[①]打仗——其时羌人已经入侵到都城西面的渭河平原上。他被打败了，耻辱地逃进了附近的终南山里。在那里，他遇见了几位道长，他们把长生不死的秘诀传授给了他。八百年后，他又把这些秘诀传授给了吕洞宾，其中包括八段锦——为了促进气的循环，直到今天，人们还在练习它。

八仙中的最后一位是曹国舅。他常常手持一对阴阳板，上有皇家标志。他是宋代曹太后的弟弟，据说宋仁宗给了曹国舅这对阴阳板，

---

①原文为“Tibetans”，直译为“藏人”，系作者理解有误。公元前1世纪时尚无藏人的提法。据《后汉书·西羌传第七十七》记载，当时汉朝与羌人有过战争，而非藏人。——编者注

吕洞宾和汉钟离（拓自楼观台一石碑）

以确保他得到广泛的布施和尊敬。有一天，汉钟离和吕洞宾发现曹国舅在终南山里坐禅。他们问他在修什么，曹国舅说他在修道。他们问他道在哪里，曹国舅指指天。他们问他天在哪里，曹国舅指指心。两位神仙大笑起来，恭喜曹国舅对道的理解，并邀请他加入到他们当中。

八仙中最老的成员是张果老，他手持一只叫“渔鼓”的竹筒，常常倒骑一头白驴，这头驴能够日行千里，它也能够被像一张纸一样地卷起来，以后往它身上喷水，它就能活过来。尽管两部唐史中关于张果老的传记，都说他出生于8世纪，但是也有人说，张果老曾是混沌初开时的一只白蝙蝠，这样一来，他就成为八仙中资格最老的成员。

八仙中最年轻的成员是韩湘子。他是9世纪时的学者兼诗人韩愈的侄子。一般情况下，他总是以手执一管箫的形象出现在画中。他因为无心从政而遭到叔叔的批评。韩湘子写了一首诗作为答复，描述了他在终南山隐居生活的快乐——他靠露珠、彩云和研碎的珍珠粉过活。但是直到后来他显示神通，使牡丹在冬季里开花，才最终使他叔叔确信，他决意要修道，而不是当官。

吕洞宾是八仙里最受人欢迎的一位，已经成为几门艺术和手工艺行业的祖师爷——其中包括文学。为了显示阳刚之气，他常常背悬一口宝剑，手执一把拂尘。这把宝剑能使他隐身，帮助他斩断烦恼。拂尘代表权威和师父的身份。

8世纪的时候，在长安的一家酒店里，吕洞宾遇见了汉钟离。

他睡着了，目睹自己过完了世间的一生，经历了成功和失败、欢乐和悲伤。(13 世纪的时候，他的梦被写成了不朽的戏剧，剧名为《黄粱梦》。)[①]当他醒过来的时候，他向汉钟离请教怎样才能超越生命的短暂。汉钟离教他修道，于是吕洞宾就去隐居了。先是在终南山里，后来在中条山，最后他也成仙了。除了向这个杰出的团体的其他成员传道以外，吕洞宾还留下了几部专著，其中一部已经被译成英文，英文译名为《金花之谜》(*Secret of the Golden Flower*)。为了觉悟世人，他还写了一些简单的诗，其中的几十首[②]被收在《全唐诗》里：

我有松风卖，
世人买得无？
三万两黄金，
与尔一葫芦。

八仙中唯一的女性成员是何仙姑。她手持一茎荷叶，有时候是一朵灵芝。她是广东人，也是八仙中唯一的一位南方人。她拒绝嫁人，孤身一人在大山里漫游，靠采集野果和野菜来赡养她的母亲。最后，她不再去任何靠近人烟的地方，学会了以服食云母为生。这使得她

①此处所提到的戏剧《黄粱梦》，应为明代苏元俊的戏曲作品《吕真人黄粱梦境记》。——编者注

②应为几百首，但是下面的这首并非出自《全唐诗》。——译者注

身轻如燕，能够像鸟儿一样飞过山脊。有一天，她遇见了吕洞宾，从他那里得到了仙桃。

蓝采和是八仙中最俊秀的成员，有时候被画成一个女孩。他的最早的传记出现在宋朝。传记中说，他出生于此前早些时候，大概是在 9 世纪或 10 世纪。他走街串巷，四处卖花。敲打着两只大拍板，唱着关于神仙的歌儿。他只穿一只鞋子，穿的衣服永远不合季节。

最后，八仙中最丑的成员是铁拐李。铁拐李住在终南山的时候，学会了连续数日离开身体。一次他漫游回来的时候，发现自己的身体已经被弟子烧掉了——弟子以为他死了。幸运的是，他找到了一具刚死的跛脚乞丐的尸体，并用它做自己的身体。从那以后，他就拄着铁拐，蹒跚而行。

我们被警察拘留的前一天，史蒂芬和我去了昔日八仙会面的那座道观——也许现在还在会面。它还在原来的位置上，在西安东门东北大约五百米处。不过这座道观已经等到了好日子。占据了整个主院的一个工厂最近才被拆除了。很显然，政府认为这座道观有旅游潜力，于是拨了一部分资金，做了一些修葺工作。在院基的后面，我们参观了最近才修复的两座大殿，一座供奉着八仙，一座供奉着斗姥。

在一座修复了的大殿里，史蒂芬和我加入到其他游客的队伍当中：上香，许愿，抽签。签是竹子做的，上面写着数字。我抽到了“2”，于是走向附近的一个窗口。在那里，我为我的命运付了五分钱。

签文是这样的：“那些隐藏着的人，终有一天会大放异彩。”

我向一群道士走去。其中的一个人原来是方丈。我告诉他我正在寻找隐士。他说我的命运决定了我注定会成功。几个月前，史蒂芬和我参访了湖北武当山上的道观。在那里，我们听说了有关六百岁的老道长住在神农架的深山里的事儿。我问这位方丈，终南山里有没有这么老的师父。他说，他从采草药的人那里，听说过类似的传闻。但是他自己所遇到过的人，从来没有超过一百五十岁的。他问我史蒂芬多大了。

我们在中国所遇到的每一个人都想知道史蒂芬多大了。他们一瞥见他的胡子，就确信他一定很老了。我笑了，说史蒂芬五百岁了，他来中国就是为了找比他更老的人的。这句话在道观里掀起了一个冲击波，眨眼之间，这里所有的道士都聚拢过来了。我试图挽回损失，告诉他们，我只是在开玩笑，史蒂芬是一个不到五十岁的大胡子。这句话使得众人像泄了气的皮球。所以，你们可不要跟道士开关于年龄的玩笑。

一个星期后，我们又回到八仙宫。西安外事局让我们在风里转了三天之后，终于认为，我们太蠢了，当不了间谍，并把护照还给了我们。但警告我们说，从事未经允许的采访可以是驱逐出境的理由。他们对此很关心，即我们旅行的目的是在跟他们控制不到的人交谈，尽管这些人只是一些无害的隐士。

当我们重新踏进八仙宫的时候，我垂头看着自己的肩膀。看起来似乎没有一个人对我们获准回来有足够的戒心。一般情况下，不管史蒂芬和我走到哪里，我们都会吸引一大群人；可是这一次，当我们从院子中间穿过去的时候，就好像我们已经变成了隐身人。一位中间人已经为我安排好了一次采访，采访这座道观里的一位常住道士。我们到了东厢杨道长的房间，根本没有人注意我们。我敲敲门，一个声音说“进来”。我们进去了，我关上门，以确保我们不会受到干扰。

本来杨道长一直在坐禅，可是放下腿他也并不觉得烦恼。在他所坐的床的那一头，有一顶蚊帐。靠近另一头是他弟子的床——他那一天不在。仅有的家当是两只装衣服和杂物的大木箱，两张木桌，还有两把折叠椅。我在其中的一把椅子上坐下来，问杨道长他多大了。他说他才七十二岁,还一点儿都不老。他说他出家将近五十年了。我向他请教关于修道的事情。

杨：修道就像当胎儿。当我们在母亲体内的时候，我们看不见任何东西，也听不见任何声音。我们所知道的一切，只是我们自己的感觉，我们不知道自己在母亲的体内，也不知道她是谁。当我们能够看和听的时候，我们就已经出生了。修道也是如此。当我们最终明白道的时候，我们的修行已经结束了。但是首先我们必须花很长时间修行。不过我们所修的并不是这个肉体。老子所谈的不是这个身体。我们的肉体不是我们的真身。我们的真身在假身里面，就像胎儿在母亲体内一样。我们的母亲就是我们的假身。除非我们把假身弃置一旁，否则真身就不会出来。

双目失明的杨道长

问：修道的人看起来与众不同吗?

杨：也是也不是。几年前，我在楼观台遇见一位老道长。他也姓杨，每天只吃一顿饭，这一点与众不同。那时候，楼观台住着一百多位道士，他是唯一一位每天只吃一顿饭的。除了早餐固定以外，他没有时间表。什么时候想睡觉就睡觉。不睡觉的时候，他就劳动。他比其他的人精力更旺盛，但是除此以外，他看起来也没有什么特殊的。几年后，楼观台发生了一些变化，人们在争夺领导权，他被大众推举接任了方丈。大约一年以后，我又见到了他，当时他是来八仙宫开会的。他完全变了。他的眼睛看起来不一样了。他的声音听起来不一样了。突然之间,他的举止就像一个已经得了道的人。但是以前他从来没有显示过自己的这一面，因为那时候他的责任不一样。

问：您为什么决定致力于修道?

杨：我出家的原因是想学习。当我长大的时候，我没有机会上学。我家太穷了。可是农活儿不忙的时候，我的堂兄们就可以去上学。但是我父亲说上学对他们没有任何好处。不过我还是想学点什么。当我快二十岁的时候，我哥哥答应让我上学。我学了三四年，但是没学到多少东西，只够看故事的。直到我出家当了道士，我才真正学会阅读。从那时起，学习给我带来了很多麻烦。它并不像我想象得那么容易。它就像风过耳。于是我决定最好把精力集中在修行上，而不是学习上。不过这么多年来，只要有时间，我就读书。

新中国成立后，不准我们再读老书了。但是我还是想办法搞到了不少道教的书，我把重要的都藏起来了。然后“文革”来了，他们开始烧书抓人。那个时候，我很清楚书里写的是什么。所以当红卫兵来了的时候，要求我们把自己的书都上交，我就拿出了一整箱子书，包括我自己写的东西。我让他们把他们想要的书拿走，把剩下的给我留下来。他们把所有的书都搬进了厨房，烧掉了。

问：多可惜啊。当时您难过吗？

杨：不怎么难过。这只不过是一种变化而已。此外，“文革”后，我又收集到了一大箱子书，几乎每天都可以阅读一会儿。之后大约七年前，我失明了，跟我所有的书再见了。

问：您的眼睛怎么啦？

杨：道教修行有时候挺危险的。我做错了一件事，它们就像蜡烛一样，熄灭了。

问：您最喜欢哪些道教经典？

杨：当然是《道德经》。新中国成立后，人们对《道德经》批判得不少。但是现在不一样了。现在他们也同意，《道德经》是道藏中最深奥的书。大部分道教书籍，你一看就能分辨出它们是深还是浅。但是《道德经》不行。《道德经》是只给有大智慧的人看的。它不是给普通人看的。它是第一部道教经典。之后出现了《黄帝阴符经》。在解释道教哲学和修行的本质方面，《黄帝阴符经》甚至比《道德经》还简明扼要。

但是所有道教经典中最重要、最珍贵的则是玉皇大帝的《心印经》，它也是《皇经》最核心的部分。我们上早晚课的时候都用它。它是玉皇大帝传出来的教义。它讲的不是外面的事情。它解释说，我们都是小宇宙，我们的体内都有太阳、月亮、星星和宇宙。它讲我们怎样用气来滋养和保护我们的肉体，以及怎样聚气来修出一个长生不死之体。如果我们的气只来源于外部，我们很容易就精疲力尽了。它教我们怎样去修炼内气。修道不容易。有些人一辈子都在修道，却没有成功。关键是要聚气。一旦你能把气聚到一起，你的智慧自然而然就会生起，容易得就像生火、下雨一样。

问：在学习道教方面，您觉得书有用吗?

杨：书就像食物。它们能填饱我们的肚子，却不能填饱我们的心。如果我们不明白什么东西，我们可以买一本书，对它进行了解。从书中我们可以学到很多东西。但是读完以后，我们会发现，书中所讲的与现实是不同的。

现在有很多讲爱情的书。一些道士读了这些书，就决定还俗、结婚生子。但是爱情是变化的，它会变得毫无意义。书能蒙蔽人。修行要花时间。花了很多年修道，然后还俗了，只等着失望，这是一个耻辱。再重新修行可就难了。

如果你想修道，你就必须做好受苦的准备。除非你生来条件很优越，否则你就要受苦。但是从苦中会得到乐。这就像钱。钱来得容易，去得就容易。如果你不得不为钱而劳作，钱就意味着更多的东西。你不会浪费它。修道也是如此。如果你生在一个优裕的家庭，受到良好的教育，就容易多了。如果你没有，你就必须有更大的毅力。但是悟道要花很长的时间，成功需要很大的决心和毅力。修道的人很多，多如牛毛，但是成功需要时间。真修道的人是非常少的。成功的人更是少之又少。

问：在修行方面，您觉得佛教和道教之间有什么区别?

杨：佛教徒和道教徒走的是同一条路。他们只是做着不同的梦而已。从本质上来讲，佛教和道教是一样的。佛经和道藏讲的是相同的事情。只不过道教强调命，而佛教则强调性。但是真正修行的人是性命双修的。在实修方面，佛教在某种程度上比道教要好一些。虽然道教徒们谈修心，但是在控制自己的情绪方面，他们常常会有一段困难时期。在压制骄傲的感觉方面，这一时期对他们而言，更加困难。但是不管修佛还是修道，要成功都是很困难的。

问：在最近的几十年里，道教变化了吗?

杨：道永远不变。我们的吃穿变化了，但是道没有变。科学和社会进步了，但是那又怎么样呢？现在我们吃得比以前好。但是道教还是原来的旧老子。

问：您能通过教人修道来养活自己吗?

杨（哈哈大笑）：这就像做豆腐。如果一个豆腐师父决定把花了他很多年时间才学到的东西教给一个弟子，他怎么能算清带一个弟子要花多少钱呢？传道是不计价钱的。

也许确实是不计价钱的，但是时间到了，我们该走了：是向杨道长和终南山里的隐士们道别的时候了，也是为此向中国道别的时候了。

在西安的最后一天，我去给儿子买些邮票。邮票专卖店在柏树林路的路尾，离西安南门不远。我略过了清朝的邮票和“文革”的邮票，买了一串邮票，上面是花卉和古代著名的美女。然后我回到柏树林路上。我还没有走出一百米，就在此时，我注意到右首有一个手写的小标志：卧龙寺。我读过关于卧龙寺的资料。清朝末年，虚云老和尚搬到嘉五台以前，曾经在这里住过。我听说它已经被红卫兵砸烂了，可是这儿却有一个标志，表明它还在。我循着这个标志，走进一条小巷。走了大约五十米，来到一个锈迹斑斑的大铁门前。里面就是卧龙寺。

唐朝的时候，它被称作观音寺。宋朝的时候，它的名字变成了卧龙寺——那是为了纪念这座寺庙的一位方丈维果禅师的，他总是躺着修禅。

大铁门吱吱嘎嘎地响起来。前院是荒芜的。又一座工厂最近被拆除了。寺院建筑破烂不堪，维修状况如此之差，我几乎要打退堂鼓了。经过内院，我走进大殿。上香致敬之后，我注意到一尊小石佛。服务员告诉我说，它是5世纪末雕刻的。他还指出了一幅唐代的观音像。这样一座破破烂烂的寺庙，却藏着这样令人难以置信的宝贝。

就在我要离开的时候，几个和尚出现在门口。他们问我在干什么，我告诉他们我在参访隐士。他们哈哈大笑起来。其中一个人说："那你就来对地方了。我们都是这里的隐士。"我也情不自禁地哈哈大笑起来。这位和尚名叫如成。很显然他是方丈，虽然他不承认——他说他太笨了，当不了方丈。然后他解释说，卧龙寺不想要一个官方的方丈。他说："如果我们选一个方丈，他就必须得到政府的同意。我们更愿意没有人管。这就是我们不修寺庙的原因。政府已经给了我们钱，让我们重修这些建筑。但这是一座禅寺。我们不需要花哨的建筑。花哨的建筑只会吸引游客。"

他告诉我，大约有五十位和尚住在这座寺庙里。他说，其中的两位已经八十多岁了。他们的名字是慧净、慧通。他说，他们每天早上三点起床，然后直到午夜之前才休息。他们醒着的大部分时间，都花在禅垫上了。我问如成他们的师父是谁，但是我本来应该知道答案的。他说："虚云。"

我们交谈了半个小时，谈卧龙寺，谈终南山。他说，卧龙寺每年有四次长达七十天的禅七。然后他开始列举他所认识的所有山中隐士的名字。那些人我都认识。我笑了，告诉他，我还是第一次遇见城市隐士。他哈哈大笑起来，我也哈哈大笑起来。此时我想起了中国人所说的那句话：“小隐隐于野，大隐隐于市。”再没有什么可说的了，我鞠躬为礼，告辞了。

读书人文化比尔·波特作品介绍

▶《禅的行囊》

比尔·波特于2006年春进行了一次穿越中国中心地带的旅行，追溯了已经成为中国本土文化的重要支脉之一的禅宗，带读者寻访中国禅的前世今生！

▶《黄河之旅》

本书是比尔·波特深度对话中华母亲河，穿越五千里路探寻黄河源头的行走笔记，全面记录了从“白日依山尽，黄河入海流”到“大漠孤烟直，长河落日圆”黄河流域风土人情、历史传说与古今变迁。

▶《丝绸之路》

比尔·波特和朋友芬恩结伴从西安启程，经河西走廊至新疆，沿古代丝绸之路北线从喀什出境到达巴基斯坦境内的伊斯兰堡的丝绸之路追溯之旅。让我们跟随作者的脚步，重温丝路沿线风光壮美的沙漠、长河、戈壁、牵人思绪的佛龛、长城、石窟、古道、城堡和无数动人的历史传说，领略历经沧海桑田的千年丝路文明。

▶《彩云之南》

比尔·波特根据其在20多年前在我国西南云桂黔地区的亲身游历，以生动、幽默的语言为读者图文并茂地记录了自己“彩云之南”一路上的所见所闻，带我们领略西南边陲地区少数民族那些鲜为人知的故事。

▶《寻人不遇》

2012年，比尔·波特又开启了一次新的旅程——对中国古代诗人的朝圣之旅。一路上，69岁的比尔·波特奔波于大江南北，寻访他所钦佩的36位中国古代诗人故址（坟墓、故居、祠堂或纪念馆）。每到一位诗人的墓地，他就往坟头放一杯酒。“古代诗人特别爱喝酒，我想，他们会喜欢我的威士忌。”

▶《江南之旅》

江南，一片孕育于长江流域特殊环境的区域，一个中国千年的文明中心。对中国人而言，江南不仅仅指地图上的某个地方，而是一个难以用语言表达的精神上的代表。它可能是种满稻子的梯田，也可能是风轻雨斜的古道，还可能是那无法再精致的菜系。带着憧憬，比尔·波特踏上了探访中国“江南 style”的旅程。

如需深入了解作者创作近况和类似图书信息，
请关注读书人文化微信 readers-club。

图书在版编目（CIP）数据

空谷幽兰 /（美）比尔 · 波特著 ;（美）史蒂芬 · 约翰逊摄 ; 明洁译 . — 3 版 . — 成都 : 四川文艺出版社 , 2018.6（2025.11 重印）

ISBN 978-7-5411-5082-1

Ⅰ . ①空… Ⅱ . ①比… ②史… ③明… Ⅲ . ①隐士-文化研究-中国 Ⅳ . ① K203

中国版本图书馆 CIP 数据核字 (2018) 第 077892 号

KONGGU YOULAN

空谷幽兰

［美］比尔 · 波特　著
［美］史蒂芬 · 约翰逊　摄
明　洁　译

责任编辑　苟婉莹
特邀编辑　张　芹
版式设计　乐阅文化
封面设计　古涧千溪
责任校对　段　敏

出版发行　四川文艺出版社（成都市锦江区三色路 238 号）
电　　话　028-86361781（编辑部）

排　　版　北京乐阅文化有限责任公司
印　　刷　三河市中晟雅豪印务有限公司
成品尺寸　150mm×230mm　开　　本　16 开
印　　张　19　字　　数　190 千
版　　次　2018 年 6 月第三版　印　　次　2025 年 11 月第九次印刷
书　　号　ISBN 978-7-5411-5082-1
定　　价　46.00 元